RICCARDI

SOUVENIR ANECDOTIQUE

DE LA CAMPAGNE D'ESPAGNE

(1823)

SUIVI DE

DOLORÈS

(1808-1823)

ET DE

CLARA

(1824)

Par le Colonel Marnier.

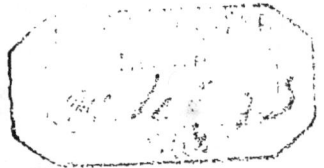

Se vend au bénéfice de la salle d'asile de Montmorency,

———

A PARIS

CHEZ LES PRINCIPAUX LIBRAIRES.

———

1852

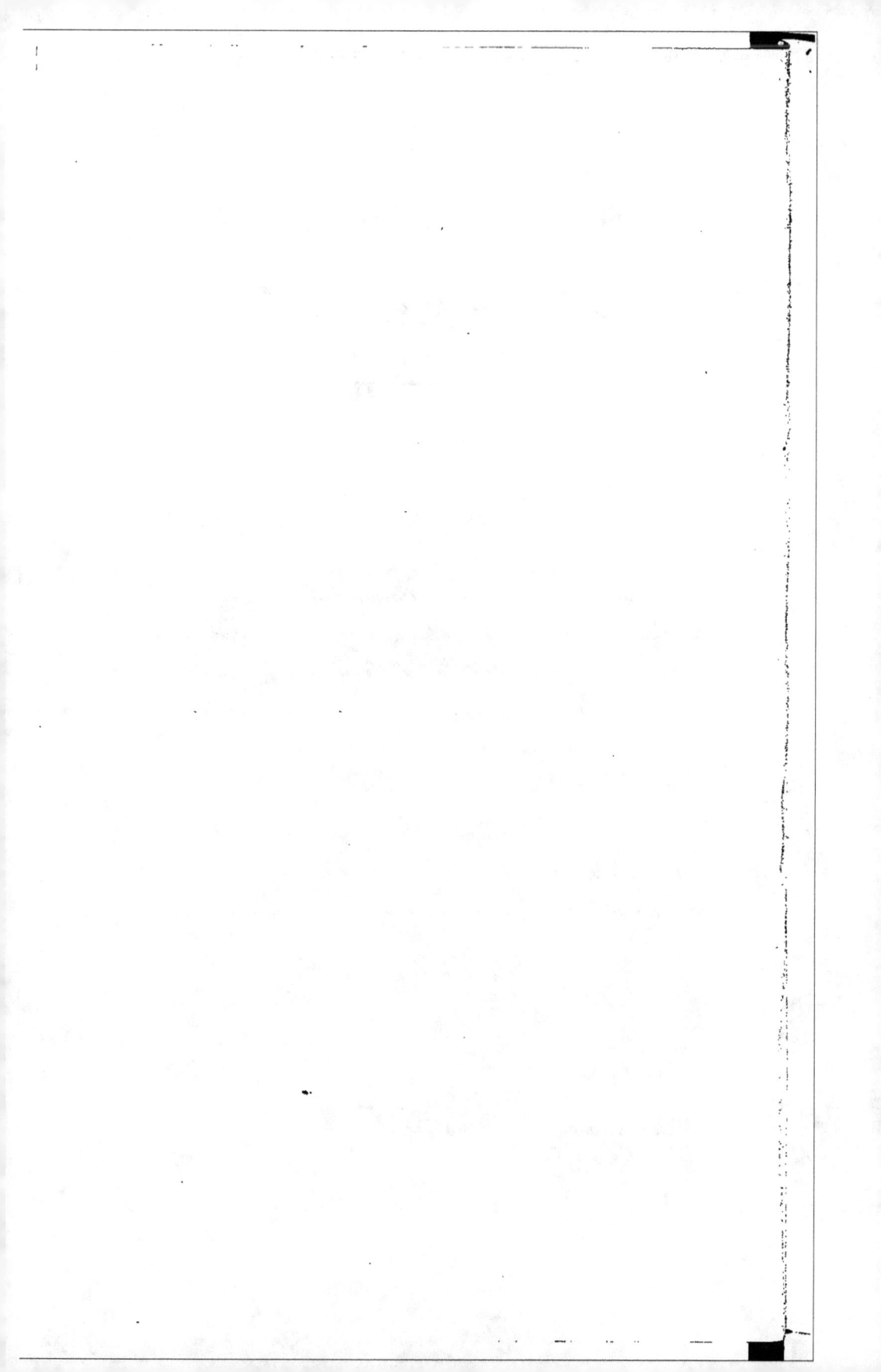

A Madame

la Marquise de Gabriac.

—◦◦◦—

Madame la Marquise,

Veuillez me permettre d'ajouter le bénéfice de la publication de cet opuscule aux offrandes que vous recueillez en faveur de la Salle d'asile de Montmorency, dont vous avez été la fondatrice généreuse, et dont vous continuez d'être la persévérante bienfaitrice.

Agréez, je vous prie, Madame, l'assurance du profond respect et de la sincère admiration de votre très humble et obéissant serviteur,

Le Colonel Marnier.

Montmorency, 1er juillet 1852.

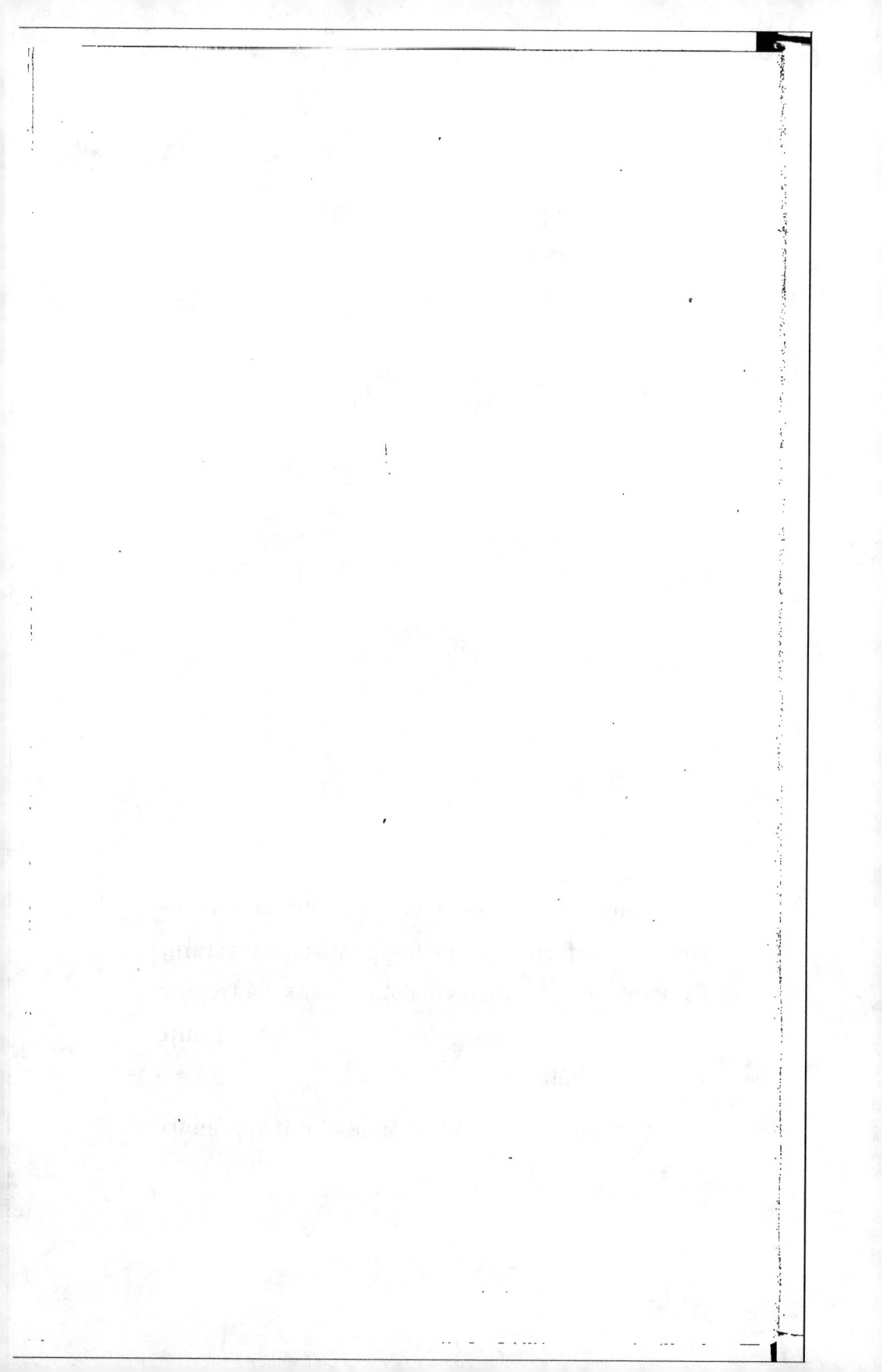

HOMMAGE

A S. M. MARIE-CHRISTINE

REINE-MÈRE.

Madame ,

Lorsque toute une nation ressent le contrecoup des infortunes qui frappent son souverain,
l'amour dont il s'est vu l'objet dans l'adversité
se mêle au doux rayon de soleil qui vient ensuite
éclairer sa délivrance.

Bien jeune encore, Votre Majesté dut apprendre

1*

le sort affreux que fit au roi Ferdinand VII, depuis votre royal époux, une faible partie de sujets égarés, et dont l'exaltation devenait un péril imminent lorsque le roi de France Louis XVIII chargea son Altesse Royale Monseigneur le duc d'Angoulème de voler par-delà les Pyrénées au secours de la monarchie.

L'armée française parcourut (en 1823) votre patrie en deuil, et contraignit les rebelles à restituer au Roi les pouvoirs qu'ils avaient violemment usurpés sur la couronne.

Alors commandant supérieur de Séville et gouverneur de l'Alcazar, c'est moi, Madame, qui eus le bonheur de recevoir, dans ce magnifique palais, la famille royale au retour de Cadix, et je fus témoin des larmes de joie de toute la population de Séville.

Personne plus que moi n'admire les qualités natives des braves Espagnols, et chaque fois que l'occasion s'est offerte de m'expliquer sur ce point, je l'ai fait avec une conviction qui a passé dans l'esprit de tous ceux que les événements ont mis à même d'étudier le caractère de ce peuple valeureux.

L'opuscule que je viens prier Votre Majesté de vouloir bien accueillir avec indulgence rappelle un fait historique relatif à la campagne de 1823.

J'ose espérer, Madame, que Votre Majesté daignera en accepter l'hommage respectueux, et je la supplie de croire aux sentiments de profonde vénération avec lesquels j'ai l'honneur d'être.

De Votre Majesté,

Madame,

Le très humble et très obéissant serviteur,

Le Colonel MARNIER.

AU LECTEUR.

—

Riccardi, noble italien, banni de son pays pour ses opinions libérales, vint soutenir en Espagne la cause de l'indépendance, et mourut en Amérique en guerroyant pour la même cause sous un autre drapeau. Voilà le sujet de notre première nouvelle.

Dans une de ces terribles circonstances que les malheurs de la guerre sèment sur les pas des guerriers, j'eus le bonheur d'être utile à une de ces natures privilégiées qui n'apparaissent souvent sur la terre que pour laisser les plus vifs regrets, et je la retrouvai morte au monde à l'époque où je connus en Espagne Riccardi ; on eut dit qu'elle m'attendait pour me remercier avant de rendre à Dieu sa belle âme. Telle est l'héroïne de la seconde histoire.

Une noble famille espagnole est forcée de quitter le palais de ses aïeux, et perd sur une terre hospitalière une enfant unique et adorée qui ne lui est rendue qu'après un second exil. C'est l'épisode qui complète ce petit volume.

Si ces histoires si diverses charment un instant les loisirs de nos bénévoles lecteurs, et s'ils les portent à concourir à une bonne œuvre, le but auquel nous aspirons sera atteint, et notre reconnaissance acquise à ces âmes généreuses.

RICCARDI.

RICCARDI

SOUVENIR ANECDOTIQUE

DE LA CAMPAGNE D'ESPAGNE

1823.

Le désarmement chez toutes les puissances de l'Europe après nos désastres de 1815 semblait assurer une longue perspective de tranquillité internationale. Les souverains n'avaient en vue que de réparer les malheurs qu'avaient entraînés les immortelles guerres de l'Empire. Tous les hommes sensés croyaient à la paix définitive.

Cependant, dès 1820, l'Italie, cette majestueuse reine de l'univers, s'éveille à la liberté, s'agite pour reconquérir sa splendeur, son indépendance d'autrefois.

Sur plusieurs points de cette admirable contrée éclatent quelques manifestations chaque fois comprimées.

1*

Le Piémont en devient le foyer principal ; on demande
ce que demandaient chez nous, en 1847, les hommes
modérés, une réforme. Les exaltés voulaient davantage ; mais, se trouvant en trop petit nombre, ils cru-
rent prudent d'attendre.

Le parti sage de la réforme, reconnaissant au prince
de Carignan, l'héritier du trône, un cœur ardent, un
esprit éclairé, qui avait eu l'occasion de se faire appré-
cier comme un éminent ami du progrès, vint à lui, et
lui proposa la direction de cette marche des esprits que
lui seul pouvait conduire au noble terme, sans crise,
sans lutte, sans trône renversé.

La position du prince était d'autant plus délicate
que sa qualité d'héritier de la couronne et de colonel commandant un régiment de la garde pouvait
laisser croire qu'il tendait à s'emparer de l'autorité
royale.

Tous les yeux des Génois étaient fixés sur ce prince,
généreux et libéral au fond de l'âme ; mais, tout en
partageant les opinions avancées, il voulait que l'initiative du mouvement pacifique, loin de froisser les
droits et les vues de la cour, émanât du gouvernement
lui-même.

Le prince de Carignan avait fait de brillantes études
à Paris ; le collège Stanislas le comptait au nombre de
ses élèves les plus distingués.

Les conquêtes de Napoléon enflammèrent sa précoce
imagination. Dès les premières années de sa vie de

jeune homme, il fut cité pour son adresse à tous les exercices de gymnastique, et réputé comme l'un des tireurs les plus habiles. Vers la fin, son professeur d'armes ne luttait pas toujours avec succès contre lui. A ces différents avantages il joignait celui d'être l'un des plus beaux hommes du royaume et sans contredit le plus parfait gentilhomme du pays dont il devait un jour régir les destinées.

Cependant les exaltés, qui, depuis longtemps, agissaient dans l'ombre, se trouvaient déjà trop compromis pour vouloir attendre. Ils entraînèrent dans leur parti quelques jeunes officiers du régiment que commandait le prince, en leur persuadant qu'il n'attendait que leur *prononciamiento* pour se déclarer.

C'est alors qu'on vit éclater à Gênes, sans la participation personnelle du prince, cette manifestation aussi mal dirigée que mal conçue dont l'unique résultat fut la punition des promoteurs les plus compromis de la tentative insurrectionnelle; plusieurs officiers du régiment du prince durent quitter le pays, et lui-même appelé à Turin dut expliquer au roi sa conduite; il fut loyal et franc. Le roi, après l'avoir écouté d'un air grave et plein de bienveillance, lui communiqua ses projets pour un avenir prochain; toutefois Sa Majesté jugea convenable de retenir près d'elle son fils; elle l'éloignait ainsi de Gênes, où des têtes ardentes étaient si disposées à dépasser les sages mesures qu'elle méditait.

Vers la même époque, un soulèvement s'organisait

à Madrid contre la personne du roi Ferdinand VII. Les démagogues, en minorité, n'en réussirent pas moins à terrifier le gouvernement, la capitale et tout le royaume. Des généraux ambitieux se déclarèrent pour la révolution, et parvinrent à entraîner leurs soldats ; le roi, réduit à une sorte de captivité par les cortès, fut bientôt placé entre la déchéance et l'échafaud.

Les idées révolutionnaires de nos voisins éveillèrent l'attention du roi Louis XVIII ; déjà nos départements du Midi commençaient à ressentir le contrecoup de ces chocs populaires, et l'orage grondait sur l'Europe.

Sans perdre un seul instant, nos frontières furent garnies de troupes. Pendant la mauvaise saison de 1822, un cordon sanitaire s'étendit sur toute la ligne des Pyrénées pour intercepter les communications avec les révoltés, et nous nous préparâmes à la guerre pour le cas où les négociations pacifiques entamées n'aboutiraient pas au maintien de la tranquillité.

Mais ce qui décida, ce qui hâta l'intervention, ce furent les remontrances de la Grande-Bretagne à propos des apprêts militaires de la France, et la preuve évidente des encouragements que cette puissance ne cessait d'accorder aux rebelles. Politique d'autant plus exécrable que toujours nous la voyons occupée à rompre l'harmonie entre les puissances continentales.

Le prince de Carignan avait soif de renommée; il accourut offrir à Louis XVIII ses services, qui furent acceptés avec reconnaissance, et dès lors ce prince prit rang comme volontaire dans l'armée expéditionnaire.

Mais déjà plusieurs officiers piémontais compromis étaient parvenus à se soustraire aux recherches dont ils avaient été l'objet, et quelques-uns avaient pu gagner l'Espagne, où ils avaient été accueillis avec enthousiasme.

Au nombre de ces exilés se trouvait un officier du régiment du prince de Carignan, le capitaine de Riccardi, dont il faisait le plus grand cas.

L'histoire a fait connaître combien peu de résistance eut à vaincre l'armée française à son entrée en Espagne.

La population entière, fidèle à son roi, gémissait de le voir prisonnier de l'insurrection; elle nous appelait à grands cris, elle nous attendait et nous reçut à bras ouverts.

Son Altesse Royale le duc d'Angoulême, généralissime de nos troupes, fut salué, sur toute la route de Bayonne à Cadix, par d'unanimes acclamations.

Les soldats de Riégo s'opposèrent presque seuls à notre invasion; encore n'est-ce que dans les places fortes qu'ils déployèrent une certaine valeur. Le terrain cédait de toutes parts à l'approche de nos drapeaux libérateurs, et, sans ce point d'honneur et la honte du titre de transfuges, toute l'armée aurait abandonné les quelques chefs qui étaient investis par les cortès des différents commandements.

L'enthousiasme se déployait si vif et si spontané qu'à notre premier aspect le peuple de toutes les contrées prenait les armes pour marcher avec nous contre ce qu'il appelait les satellites de Riégo (*los negros*).

Dans chaque province, dans les cantons et jusque dans les bourgades, s'organisaient des régiments dits de la Foi ; ces hommes indisciplinés jetaient la terreur partout où ils pénétraient avant nos colonnes. Ils commettaient un grand nombre d'exactions, que toujours nous réprimions avec une justice et une énergie qui nous attirèrent bientôt le dévouement de toutes les classes.

Les populations entières accouraient sur notre passage, et nous accueillaient par les démonstrations les plus ardentes ; des buffets improvisés nous attendaient sur les routes, et tout nous était offert avec la plus franche cordialité.

La guerre, qui, selon les exaltés de la Péninsule, devait prendre des proportions bien autrement terribles pour l'armée française que celle de 1808, changea complétement de caractère.

Les généraux espagnols, redoutant des défections parmi leurs troupes, ne résistaient que pour l'honneur. Sauf quelques points assez vigoureusement défendus, la marche de l'armée française, depuis les Pyrénées jusqu'aux colonnes d'Hercule, peut être considérée comme une promenade militaire et, mieux encore, comme une véritable marche triomphale.

J'étais chef d'état-major de la division de la garde aux ordres du général de Bourmont ; moi seul, de cet état-major, j'avais fait la première campagne, et je parlais la langue espagnole. On doit conclure quels services le général était en demeure d'attendre de moi et de quelle manière absolue il devait disposer de ma personne ; aussi faisait-il retomber sur moi le plus lourd fardeau de la responsabilité ; car il m'avait donné carte blanche pour prescrire en son nom l'ordre dans lequel les troupes devaient marcher, les lieux que chaque brigade ou régiment devait occuper, etc., etc.

Si la confiance du général en moi se montrait sans bornes pour ce qui regardait les mouvements militaires, il en était autrement dès qu'il s'agissait de quelque affaire à régler entre nous et les habitants. On m'avait dépeint au général sous des couleurs peu en harmonie avec celles qui étaient à l'ordre du jour.

Les Espagnols que l'on désignait sous le titre de *blancos* devaient toujours avoir raison quand même, et *los negros* toujours tort.

Mes fonctions de commandant du quartier-général, me mettant chaque jour en contact avec les différentes autorités du pays et les habitants, me plaçaient dans la nécessité de vider certaines contestations. Lorsque je donnais raison à *los negros* (ce qui arrivait toutes les fois que ma conscience me l'ordonnait), j'étais accusé d'injustice, de partialité... J'avais maille à partir avec mon général, trop souvent influencé malgré lui en faveur de ceux envers lesquels j'étais forcé de sévir.

Je connaissais trop bien le caractère exalté des Espagnols pour me prêter aux sollicitations des *blancos* qui me signalaient constamment des ennemis dangereux dans ce que le pays avait de plus honorable parmi les arts, l'industrie, qui, à vrai dire, étaient bien un peu *negros*.

Plusieurs fois il fut question de me donner un remplaçant; mais où le prendre? Et puis je jouissais de l'estime particulière du major-général, le général Guilleminot; je n'étais pas moins particulièrement connu du duc de Guiche, premier aide-de-camp du prince; son Altesse Royale me traitait elle-même avec beaucoup de bienveillance. J'étais encore honoré de toutes les sympathies du colonel de La Hitte, autre aide-de-camp du duc d'Angoulême. On n'aurait pas osé me déposséder sans motif et sans m'entendre, car le prince était juste.

Les troupes expéditionnaires parvinrent donc à Madrid sans coup férir, ou du moins le corps sous les ordres immédiats du prince.

C'est après quelques jours de repos dans la capitale, veuve de son roi, que deux corps d'armée, l'un commandé par le général de Bordesoul, l'autre par le général de Bourmont, prirent la route de la Manche, pour franchir les montagnes de la Sierra-Morena et descendre en Andalousie. Le but de cette expédition était de concourir à la délivrance du roi d'Espagne, que la junte supérieure avait entraîné vers Cadix.

Les deux colonnes s'avancèrent parallèlement, et tandis que celle aux ordres du général Bordesoulle marchait directement sur Cadix, dans l'espoir de soumettre la place et la junte par sa seule présence, la colonne aux ordres du général de Bourmont eut pour mission de longer aussi près que possible les frontières du Portugal, pour les surveiller.

Il dut établir son quartier-général à Séville, et rayonner dans toutes les directions ; car de nombreux corps de partisans erraient dans la Basse-Andalousie, où ils commettaient un grand nombre d'exactions.

Je ne saurais donner une idée plus exacte de l'enthousiasme des Espagnols à notre approche des villes qu'en racontant ce qui m'est arrivé à Truxillo, cette belle ville où, quinze années plus tôt, l'armée française n'avait pas rencontré un seul habitant !...

« Au commencement de la guerre de 1808, les habitants de plusieurs villes avaient fui en grande partie ; mais la population tout entière de Truxillo avait quitté la place. Le spectacle d'une grande cité sans un habitant porte dans l'âme une telle tristesse qu'un témoin oculaire seul peut en faire la description. » (*Voir* l'Appendice.)

Je devançais chaque jour les colonnes, afin d'opérer sur les lieux mêmes la distribution des cantonnements, que l'un des officiers qui m'accompagnaient allait soumettre en grande hâte au général ; je me faisais suivre habituellement par deux ordonnances.

La route qui mène à Truxillo traverse une assez vaste forêt de chênes verts, de liéges, d'oliviers et d'orangers.

En sortant du bois, l'on aperçoit de loin Truxillo, la vieille cité romaine, assise sur la montagne dont les édifices couronnent la cime. La soleil commençait à poindre lorsque nous quittâmes la forêt : quel ravissant spectacle s'offrit alors à ma vue !

Imaginez-vous une vaste couronne d'habitations, construites dans le style romain et mauresque à la fois, au milieu de laquelle se détachent cinquante clochers. Sur le saillant de la grande enceinte on distingue les hautes murailles de plusieurs couvents, percées de larges ouvertures et ceintes dans presque toute leur étendue de larges galeries extérieures. A partir de ce pourtour, vingt sentiers tortueux descendent vers la plaine pour se réunir à l'embranchement vers lequel j'arrivais.

La population, avertie de l'approche de l'armée française, accourut aussitôt, et prit position tant sur les divers escarpements qui flanquent la montagne que dans les chemins latéraux qui aboutissent à la grande route.

Le couronnement des divers édifices, les galeries, les fenêtres... tout était rempli de spectateurs impatients de nous fêter. Dès que cette foule immense nous vit apparaître (j'avais avec moi le chef d'escadron d'état-major Acloque, le capitaine de Saint-Léger et quatre lanciers de la garde), le son de toutes les cloches se fit entendre, et cette montagne chargée de spectateurs, naguère attentive et immobile, sembla se mouvoir d'elle-même.

Les autorités de la ville s'avancent, précédées et entourées de trente à quarante jeunes filles vêtues de blanc et la tête ornée de fraîches guirlandes. Tambourins, musettes et mandolines animaient les fandangos cadencés aux refrains du chant national.

Lorsque les magistrats furent près de nous, je dus écouter leurs discours de circonstance, et recevoir les clefs de la ville, apportées par eux sur un plat d'argent.

Nous montâmes la rampe rapide et contournée qui mène à la porte principale, et nous fîmes notre entrée dans la ville. Alors redoublèrent les acclamations, et l'ivresse générale devint telle qu'au moment où je m'y attendais le moins je me sentis tout à coup enlevé de mon cheval et porté à travers les rues jusque sur la grande place, sans qu'il me fût possible de m'opposer à ce t étrange ovation...

Quelques heures après mon entrée à Truxillo, arriva le général Vallin en tête de sa belle division. Ce brave général eut toutes les peines du monde à maintenir l'ordre dans sa colonne, car chaque habitant voulait fêter un soldat...

Plus tard, le général de Bourmont parut avec son état-major; les manifestations atteignirent leur dernier développement.

Ce fut alors que je crus devoir ordonner des mesures de prévoyance; car aux bonnes grâces qui nous étaient prodiguées se mêlaient des expressions peu rassurantes pour ceux désignés sous le nom de *negros*. Je me disposai à réprimer vigoureusement les premiers désordres.

Mes présomptions ne tardèrent pas à se vérifier : sur le fronton de la maison de ville, autrefois la demeure de *Fernand Cortès*, s'élevait la statue en marbre de cet homme célèbre. Les magistrats de la ville, afin de conserver cette œuvre d'art, la transformèrent en déesse de la justice au moyen de balances adaptées à l'une de ses mains; mais les *blancos* voulaient faire une démonstration quelconque, et je ne sais sous quel stupide prétexte quelques-uns parvinrent à attacher une corde au cou de la statue de Fernand Cortès, qui, tirée par deux à trois cents exaltés, tomba sur le pavé, où elle se brisa entièrement.

Ce n'était encore là qu'un prélude; l'état fébrile des esprits laissait pressentir de plus graves conséquences... Averti à temps, j'accours suivi de vingt-cinq hommes à cheval, et je fais évacuer la place de San-Francisco, où déjà les *blancos* essayaient d'enfoncer les portes d'un ancien magistrat qualifié de *negro*.

Le terrain devenu libre, je dus rendre compte au

général de Bourmont, qui avait été instruit du tumulte, mais avec des commentaires étrangers à la vérité. Il avait eu pour première pensée de m'infliger un blâme ; mais le brave, le loyal général Vallin fit le contraire, ce qui ne m'empêcha pas de passer pour le *negro* de l'état-major.

Ce seul trait donnera une idée de la fièvre qui remuait les cerveaux espagnols et de la haine générale qu'on portait aux oppresseurs de Ferdinand VII.

Mais j'arrive à un épisode qui eut lieu peu de temps avant notre entrée dans Cadix.

Le corps du général de Bourmont n'était plus qu'à trois journées de marche de Séville, lorsqu'un matin j'arrive dans un gros village pour y faire l'établissement du quartier-général.

L'officier chargé de m'accompagner (le capitaine de Saint-Léger, aujourd'hui comte de Bemposta, aide-de-camp du roi de Portugal) s'était arrêté à quelque distance pour lever le plan de la position que devait occuper le parc d'artillerie ; je n'avais avec moi qu'un seul cavalier.....

A cette époque, Lopez Banos avait fui devant le corps du général comte de Bordesoulle, et s'était rejeté sur Séville, qu'il avait frappée d'une forte contribution.

Bientôt instruit que le général de Bourmont s'avançait pour lui couper la retraite, il s'était empressé de se replier vers les frontières du Portugal par le comté de Niebla, rançonnant villes et villages sur sa route.

Cependant les brigades de cavalerie commandées par les généraux comte de Lauriston et de Saint-Mars parvinrent à l'atteindre.

Le mouvement de Lauriston, qui, avec le 5e de hussards et le 9e de chasseurs, faisait tête de colonne, fut tellement rapide qu'il surprit l'ennemi à San-Lucar avant même que les défenseurs de la place eussent le temps de lui opposer une sérieuse résistance.

A la vue des Français, les habitants de San-Lucar se hâtèrent de garder les issues de la ville, en sorte que tout ce qui s'y trouvait demeura en notre pouvoir, c'est à dire cinq à six cents prisonniers, autant de chevaux et plus de vingt fourgons richement chargés. Au dehors, douze ou quinze cents chevaux étaient sur le point de se mettre en marche : ils eurent un moment la pensée de reprendre San-Lucar ; mais ils furent arrêtés aussitôt dans leur élan par l'attitude menaçante du général de Lauriston, qui s'avança résolument à la tête d'un escadron du 9e de chasseurs, qu'il avait sous la main.

A peine fut-il en présence de l'ennemi qu'un choc terrible s'ensuivit. Le général de Lauriston déploya dans cette circonstance une grande habileté et un courage personnel digne des plus grands éloges. S'étant jeté au milieu de la mêlée, ce brave général fit le coup de sabre avec plusieurs cavaliers qui entouraient le général ennemi. Pendant cette action rapide et glorieuse, le capitaine de La Rue (aujourd'hui général de division), aide-de-camp du général de Lauriston, mérita et obtint la croix d'officier de la Légion-d'Honneur.

Cependant le grand nombre de prisonniers faits dans cette journée rendait pour quelque temps la présence du général de Lauriston indispensable à San-Lucar; le général de Bourmont chargea le général de Saint-Mars de poursuivre à outrance les débris du corps de Lopez Banos.

Après vingt heures d'une marche forcée, la brigade Saint-Mars (composée des 7e et 9e de dragons) atteignit les Espagnols au moment où ils arrivaient à San-Juan-del-Puerto.

Afin de donner à sa nombreuse artillerie le temps de dépasser le village, Lopez Banos fait aussitôt ses dispositions pour arrêter la marche de nos dragons ; mais l'impétuosité de Saint-Mars ne permit pas au général ennemi de s'établir. A la suite de plusieurs charges successives, toute résistance des Espagnols est devenue impossible; l'artillerie et ceux qui tentent de la défendre restent en notre pouvoir; refoulés enfin dans toutes les directions, les débris de Lopez Banos parviennent à gagner la frontière du Portugal par Ayamonte.

Le général de Saint-Mars continua son mouvement précipité jusqu'à Huelva, ramassant sur sa route une grande quantité de fourgons chargés de munitions, d'armes et de bagages.

L'apparition subite et inattendue de notre cavalerie dans Huelva produisit un effet tel sur Lopez Banos qu'il eut à peine le temps de se jeter dans une embarcation qui le conduisit à Cadix.

Huelva, ville maritime d'une grande importance, renfermait dans son port plusieurs bâtiments, parmi lesquels se trouvait un brick de guerre chargé d'armes et de munitions qu'il allait transporter à Cadix.

Après avoir reçu quelques boulets lancés par nos dragons avec les pièces enlevées à l'ennemi, le brick amena son pavillon. Ce bâtiment, dont la cargaison pouvait être évaluée à huit ou dix mille francs, fut considéré de bonne prise, et, sur la demande du général de Saint-Mars, le ministre de la marine autorisa la répartition d'une somme équivalente entre les sous-officiers et soldats qui avaient contribué à ce fait d'armes, qui rappelait la campagne de Hollande, où la cavalerie du général Brune s'était emparée de l'escadre ennemie retenue dans les glaces.

Immédiatement dirigé vers Cadix, le brick fut remis à l'amiral Hamelin, auquel il fut d'un grand secours.

Peu de jours après cette expédition, le général de Saint-Mars fit son entrée à Séville en tête de sa brigade, suivi de vingt-deux pièces de canon enlevées à l'ennemi et de plus de huit cents prisonniers.

Une colonne de partisans séparée du corps principal voulut lever une contribution forcée dans un beau village, non loin de la seule route qu'elle pouvait suivre pour échapper aux troupes du général de Lauriston.

Ce fut précisément dans ce même village, où j'arrivais, que débouchait, du côté opposé, le chef de la colonne ennemie ; il avait laissé les cent cinquante chevaux qu'il commandait sur un plateau voisin, pour imposer aux habitants, et les obliger de remplir sur l'heure les conditions qu'il venait notifier aux magistrats.

Il y avait à peine quelques minutes que je me trouvais sur la place où l'alcade et quelques membres de *l'ayuntamiento* (municipalité) étaient accourus vers moi, lorsque des cris partent de tous côtés...

Los negros !... los negros !... A l'instant même je suis abandonné par ces *valeureux* magistrats ; me voilà seul et à pied. Mon cheval, débridé, avait été conduit vers une fontaine à l'extrémité de la place, par la seule ordonnance que j'eusse alors près de moi.

L'officier espagnol se précipite au grand galop, le sabre en main, sans prendre le temps de reconnaître s'il est suivi. Je m'avance lentement, et le somme avec un geste énergique de mettre pied à terre.

Je ne saurais dire quelle fut sa pensée ; mais, après un instant d'hésitation et à mon grand étonnement, il descend de cheval et me présente son sabre.

« Vous êtes mon prisonnier, lui dis-je ; ai-je affaire à un homme d'honneur? » Sur sa réponse affirmative, je lui rends son arme ; on m'amène mon cheval, et, suivi de mon prisonnier, je gagnai rapidement le hameau où j'avais laissé mon escorte.

Cet officier m'apprit alors qu'il commandait un es-

2

cadron de flanqueurs, resté en position près d'un bois d'oliviers à l'entrée du village, où il attendait son retour pour prendre un parti.

Dès que j'eus rejoint mon avant-garde, composée de dix lanciers, je me disposai à l'offensive contre l'escadron ennemi : mais le général de Bourmont, sur des renseignements ultérieurs, avait changé de direction ; il marchait sur San-Lucar, et me faisait dire d'aller le rejoindre sans le moindre retard.

Je profitai néanmoins de cette latitude et des renseignements obtenus par l'officier prisonnier pour battre le pays et marcher sur les traces de Lopez Banos.

Nous nous dirigeâmes sur San-Lucar de manière à flanquer la colonne du général de Bourmont sur sa gauche.

Nous marchions depuis une heure, lorsque nous aperçûmes un assez nombreux détachement qui venait à nous en ordre de combat ; je l'envoyai reconnaître ; c'étaient une centaine de cavaliers de *la foi* qui rôdaient dans l'espérance de ramasser les traînards constitutionnels et de faire du butin.

J'ordonnai au chef de cette troupe de se joindre à moi, ce qu'il fit, non sans hésiter.

Mon prisonnier, qui marchait à mes côtés, me témoigna la plus grande inquiétude sur cette association.... Ils m'assassineront malgré vous, me disait-il. J'essayai, mais vainement, de le rassurer.

Cependant les renseignements successifs que je re-

cueillais sur la route me faisaient espérer qu'en dou-
blant de vitesse il me serait facile d'atteindre avant la
nuit l'arrière garde de Lopez Banos ; mais nos recherches furent vaines, et nous fûmes obligés de prendre
position, au milieu de la nuit, dans un bois d'oliviers.

Mon officier me demanda la permission de reposer
à mes côtés, m'affirmant que les hommes de la foi
avaient formé le complot de l'assassiner : quelques-uns
des miens me confirmèrent cet affreux projet. Dès lors
j'assignai au chef de cette troupe de bandits une position séparée de la mienne ; je ne lui cachai pas mes
soupçons, et le rendis personnellement responsable des
jours de mon prisonnier. Cet homme barbare osa
m'avouer qu'ils avaient juré de le poignarder, le
reconnaissant parfaitement pour l'un des constitutionnels les plus redoutables, et que lui-même ne pouvait me garantir les conséquences de l'exaltation de
son détachement.

Je ne pouvais me séparer brusquement des gens de
la foi sans péril imminent pour mon captif ; je pris le
parti de les assembler ; puis en peu de mots je leur si-
gnifiai que l'officier constitutionnel était sous ma sauvegarde, et que l'audacieux qui oserait lever la main
sur lui paierait instantanément de sa vie cet assassinat.

Un moment je le crus perdu ; car tous mirent le sabre à la main, jurant qu'il mourrait, qu'ils en avaient
fait le serment... Il ne me restait plus qu'à me battre avec ces forcenés : c'est ce qui faillit arriver ;

mon faible détachement avait déjà pris les armes, et le sang allait couler lorsque, m'élançant au milieu des Espagnols, je leur ordonnai, avec un emportement frénétique qui, heureusement, leur imposa, de mettre à l'instant même bas les armes... Ils obéirent, mais tout en proférant des murmures confusément sinistres.

On conçoit que je ne fermai pas l'œil du reste de la nuit; mon prisonnier me suppliait de le laisser fuir pour éviter un assassinat qu'il me croyait impuissant à empêcher.

J'avais ordonné le départ pour quatre heures du matin ; mais à deux heures je fis sans bruit seller les chevaux de mon détachement, et nous laissâmes les Espagnols endormis.

Nous prîmes au hasard la direction qui devait nous rapprocher du général de Bourmont; nous cheminions de l'allure la plus vive pour échapper au projet infâme de ces furieux; nous touchions enfin à un village après trois heures de marche, lorsque je suis averti que nous sommes poursuivis par un parti nombreux; au moment où je faisais mes dispositions de défense, nous reconnaissons les hommes dont nous nous étions séparés... Ils accouraient, renforcés par une cinquantaine d'autres gens de la foi, avec le dessein de mettre à mort mon prisonnier.

Je plaçai l'officier au centre de mon détachement, et j'ordonnai de tirer sur le premier qui oserait s'avancer à dix pas de nous. Comme ils ne tenaient aucun compte de mes menaces, nous fûmes dans la nécessité de faire feu. Dispersés toutefois par cette décharge, ils ne tardèrent pas à se rallier en avant de nous, espérant ainsi nous couper la retraite. C'était un véritable engagement, car ils répondirent à notre fen par quelques coups de fusil ; mais en ce moment même une fusillade assez vive se fit entendre vers l'entrée du village que nous allions atteindre, et déjà les balles nous arrivaient.

Je pensais aux moyens de combiner un mouvement rétrograde lorsque les gens de la foi avec lesquels je me trouvais engagé se prirent à fuir ; ne concevant pas une pareille détermination, j'en recherchais la cause quand nous reconnûmes au loin un peloton d'infanterie qui marchait à nous, précédé de quelques tirailleurs. Je parvins, non sans peine, à m'en faire reconnaître, car c'était de nos voltigeurs. Ce hasard heureux me délivra d'une position qui ne pouvait manquer d'amener un dénouement fort tragique.

Sorti sain et sauf de cette échauffourée, je n'étais pas encore sans inquiétude sur le compte de mon prisonnier, qui avait de nouvelles et fatales chances à courir.

En effet, le général de Bourmont, à l'instigation de l'un des officiers d'état-major qui avait donné dans plusieurs circonstances les preuves d'une exaltation coupable, m'invita bientôt à faire surveiller et escorter l'officier espagnol par un gendarme.

M. de Riccardi (le prisonnier) m'avait fait connaître

sa position de réfugié piémontais ; cette marque de confiance m'avait inspiré de lui l'idée que je devais avoir d'un homme d'honneur. Il avait reçu des témoignages de ma loyauté, je devais donc compter sur lui; néanmoins il me fallut exécuter les ordres formels du général, contre lesquels je m'étais vainement élevé.

Je me sentais pris d'attraction sympathique pour M. de Riccardi, qui m'avait raconté avec l'accent de la franchise comment, lui fils d'une des premières familles de Sardaigne, il se trouvait en Espagne, chef d'un corps constitutionnel. Je me reposais pleinement sur la parole qu'il m'avait donnée de ne faire aucune tentative d'évasion ; j'y croyais tellement qu'il montait l'un de mes chevaux et partageait mes gîtes.

Quelques lignes suffiront à reproduire son histoire :

« Je suis fils d'une famille , m'avait-il dit , alliée à
« celle de nos princes. Je servais dans le régiment
« commandé par le prince de Carignan lorsqu'il leva
« l'étendard de la révolte en faveur des idées libérales
« qui germaient dans le pays. Je fus forcé de fuir ,
« ainsi que ceux de mes camarades qui ne voulurent
« pas se soumettre à la condition humiliante d'implo-
« rer merci......

« Le prince fut gracié , lui ; mais on le contraignit
« à voyager. Il dut venir prendre part à la guerre de
« la Péninsule. C'est lui-même qui accompagne le duc
« d'Angoulême.

« Une fois hors de ma patrie, je cherchai un refuge
« en Suisse ; mais j'y fus reconnu et traqué comme
« une bête fauve : vingt fois je faillis tomber dans des
« piéges. En Espagne seulement je pouvais trouver
« quelque repos ; mais il fallut choisir une couleur et
« prendre les armes : autrement je devenais victime
« d'un des deux partis.

« Je ne fus pas longtemps à me décider ; on me
« donna le commandement d'une troupe de partisans :
« j'eus occasion de rendre des services, principalement
« comme instructeur. Je m'étais promis de ne jamais
« croiser le sabre avec un Français, et le jour où vous
« m'avez enjoint de me rendre vous vous souvenez
« que j'avais le sabre hors du fourreau, que j'étais à
« cheval et vous à pied. Je vous vois encore dans votre
« attitude calme... Mais vous étiez Français, je n'eus
« pas même la pensée de profiter de ma position, et je
« vous obéis comme si j'eusse été sous vos ordres...
« Vous m'aviez fasciné.

« Acculé au fond de l'Andalousie, j'avais pour mis-
« sion d'éclairer l'aile droite du corps de Lopez Banos,
      se retirait sur le Portugal ; c'est alors que j'en-
« trai seul dans le village, ayant laissé mes cent ca-
« valiers en observation au dehors... Je vous remis
« mes armes... »

J'avais foi en cette narration, et j'espérais qu'il me
serait facile de ménager plus tard à Riccardi un rap-
prochement avec le prince de Carignan ; ce qui me

semblait devoir mener à bon terme cette existence aventureuse.

Il faut dire que, depuis notre entrée à Séville, je remplissais les fonctions de commandant supérieur de cette place et de gouverneur de l'Alcazar, ce qui me donnait une autorité illimitée. (1)

Je fis sans peine délivrer un passeport à Riccardi. Par ce moyen, il put parvenir au quartier général, alors établi à Puesto Santa-Maria. Ce qui survint à Riccardi depuis son départ jusqu'au jour où il me retrouva dans Séville, je le lui laisserai raconter lui-même. Ce fut après six jours d'absence que ce malheureux officier entra chez moi, vers deux heures du matin, dans l'état le plus déplorable ; il était à peine vêtu !... Voici le récit qu'il me fit après quelque repos :

« Lorsque j'arrivai au quartier-général de son al-
« tesse royale le duc d'Angoulême, M. le duc de Gui-
« che, auquel vous m'avez adressé, m'accueillit avec
« une grande affabilité ; et après avoir pris connais-
« sance de votre lettre, qui expliquait ma position, ce
« brave général ne me cacha pas les difficultés à vain-
« cre pour être reçu du prince de Carignan. Toutefois,
« d'après ses indications, je pus arriver jusqu'à son
« altesse royale, mais en présence de témoins. Le
« prince m'accueillit avec une gravité affectée qui
« n'excluait pas un sentiment d'intérêt.

(1) *Voir* l'Appendice.

« Le duc de Guiche, auquel je rendis compte de cette
« entrevue, sut m'en ménager une seconde chez lui-
« même, où le prince se rendait chaque jour avant
« l'heure où ils passaient ensemble dans les salons de
« Monseigneur le duc d'Angoulême. Ah ! alors je re-
« trouvai le cœur de mon ancien colonel…. Tâchez de
« quitter l'Espagne, me dit-il, rendez-vous en France
« ou bien en Angleterre, et faites-moi savoir où vous
« serez. Je le désire, mon pauvre Riccardi, me dit-il
« en appuyant avec bonté sur cette injonction. Vous
« n'êtes pas dans une position brillante, ajouta-t-il en
« faisant un signe au duc de Guiche, témoin de cette
« entrevue, qui aussitôt tira de son secrétaire une
« bourse que le prince saisit pour me la remettre.

« Le rouge me monta au visage… J'allais refuser, et
« déjà j'avais fait un pas en arrière lorsque ce bon
« prince ajouta : Vous me rendrez cette bourse à Tu-
« rin… vous entendez, Riccardi?… à Turin… c'est un
« prêt, monsieur de Riccardi… J'acceptai avec émo-
« tion. Le prince et le duc de Guiche me serrèrent les
« mains : « Allons, Riccardi, retournez à Séville… Je
« veux de vos nouvelles… vous m'entendez?… » Eh
« mon Dieu! j'entendais; mais ma langue était para-
« lysée, je ne pouvais parler.

« Un jeune officier qui est de vos amis, M. Daschei
« de Montgascon, secrétaire de S. A. R. le duc d'An-
« goulême, me conduisit chez lui, de la part du duc de
« Guiche, pour prendre quelques heures de repos.

« Je quittai Santa-Maria vivement impressionné de

2*

« tout ce qui m'était arrivé d'heureux, et j'avais grande
« hâte de vous le dire.

« J'avais marché une partie de la nuit à une allure
« assez vive ; vers minuit je n'étais plus qu'à une
« lieue de Séville lorsque cinq à six cavaliers armés
« comme de véritables brigands m'entourent tout à
« coup, brandissant leurs sabres... Un coup de pisto-
« let abat mon cheval... Je roule dans la poussière, et
« tandis qu'ils mettent pied à terre, probablement pour
« m'*achever*, je leur échappe et je gagne à toutes
« jambes la direction du Guadalquivir, dont je n'étais
« pas à plus de cinq cents pas. Deux d'entre eux,
« étant remontés à cheval, se mirent à ma poursuite,
« tandis que les autres se ruaient sur mon porte-man-
« telet. Prêt d'être atteint, j'eus l'heureuse idée de me
« débarrasser de mon habit et de le jeter sur la route.
« Ce que je pensais arriva : ils s'arrêtent pour ramas-
« ser mon vêtement. Je me lance dans les jardins
« d'une habitation riveraine du fleuve, et me jette à la
« nage ; j'arrive non sans peine sur la rive gauche ;
« mes forces m'abandonnaient entièrement lorsque
« j'atteignis le rivage.

« Bientôt je me trouvai aux postes avancés ; je me
« réclamai de vous, et vous avez vu, mon comman-
« dant, en quel état je vous suis arrivé. »

Le lendemain, je reçus deux lettres, l'une du duc de
Guiche, l'autre de Dascher de Montgascon ; Dascher
me rendait à peu près compte de tout ce que venait de

me dire Riccardi; il m'assurait que le prince de Carignan portait le plus grand intérêt, l'affection la plus
vive à Riccardi, que S. A. R. s'en était exprimé dans
les termes les plus chaleureux devant lui, chez le duc
de Guiche, en présence des généraux Guilleminot, La
Chasse de Verigny et du colonel de La Hitte.

La lettre du duc de Guiche renfermait ces simples
paroles :

« Je vous remercie, mon cher Marnier, de m'avoir
« adressé votre intéressant prisonnier. Le prince de
« Carignan me charge de vous exprimer sa reconnais-
« sance pour vos bons procédés envers cet officier. Usez,
« mon cher gouverneur, de *vos grands pouvoirs* pour
« le diriger d'une manière sûre, soit en France, soit
« vers l'Angleterre ; trouvez un moyen quelconque ;
« vous ferez une bonne action, dont j'instruirai le prince
« de Carignan, qui vous en saura un gré infini.

« Dascher m'a conté que vous avez eu à lutter avec
« un officier de votre état-major au sujet de Riccardi.
« Ce diable de X..., cet enragé *blanco*, veut vous
« faire passer pour un satané *negro*. Ne vous en in-
« quiétez nullement ; parmi nous autres *blancos*, il
« y a beaucoup de négrillons...

« Amitié,   D. DE G. »

La position de Riccardi devenait d'autant moins
rassurante que, pendant son absence, on avait fait
courir sur son compte des bruits calomnieux, excessi-

vement compromettants. Il était urgent de l'éloigner pour lui éviter quelque fâcheuse affaire.

Je le fis comprendre comme prisonnier ordinaire dans un convoi que nous dirigeâmes sur la France, avec l'autorisation de voyager isolément jusqu'à Bayonne. Nous nous séparâmes fort attendris l'un et l'autre... sans nulle espérance de nous revoir.

Peu de temps après, l'armée entra dans Cadix, à la suite de la *grande,* la *glorieuse* affaire du Trocadéro.

La guerre était terminée; Ferdinand rentrait à Madrid aux acclamations unanimes de son peuple, et l'armée française, excepté quelques régiments laissés en Andalousie, sur la demande du roi d'Espagne, rentra en France.

La garde royale prit la route de mer, et l'escadre de l'amiral Duperré, qui nous transportait, nous débarqua au port de Brest.

Je rejoignis ensuite ma famille à Bourges, où se trouvaient internés trois à quatre cents prisonniers espagnols.

A peine mes amis connurent-ils mon retour que l'un d'eux, M. Souchois, accourut me dire qu'il avait recueilli chez lui un officier espagnol d'une grande distinction, lequel s'était écrié, en entendant prononcer mon nom, qu'un officier de la garde, portant le même nom, lui avait sauvé la vie..... J'étais tellement loin de penser à Ricardi que je regardais comme une erreur, une fable, ce que me disait mon ami ; mais les détails qu'il tenait de Riccardi même levèrent tous mes doutes, et sans perdre un instant je me rendis, avec Souchois, chez son hôte.

Je le vois encore, le dos tourné à la porte d'entrée ;... il était occupé à dessiner lorsque nous entrâmes.

Riccardi ! m'écriai-je... Il tourne brusquement la tête. A ma vue, il reste immobile et sans voix. Je m'avance. Le pauvre Riccardi semblait frappé de catalepsie ; mais à cet état, qui ne dura que très peu de temps, succédèrent les témoignages de la plus vive reconnaissance. Impossible de décrire ce qui se passa dans cette première entrevue.

Déjà on parlait de renvoyer en Espagne les prisonniers faits pendant cette guerre. Nouvelle anxiété pour Riccardi, dont les parens espéraient obtenir la grâce.

« Pour Dieu, me disait-il, tirez-moi de cette fâcheuse « position....... Je ne puis, quant à présent, rentrer « dans ma patrie. Je ne puis de même penser à suivre « les prisonniers en Espagne. La France n'offre pas « un asile assez sûr... C'est donc en Angleterre seule-« ment que je trouverai de la sécurité ; là, au moins, « je pourrai attendre le rappel des proscrits. »

Ma position à la cour, ma qualité de gentilhomme de la chambre me servit à souhait, et j'obtins sans difficulté que Riccardi pût se rendre en Angleterre, seul port de salut pour lui : il prit la route de Londres.

Lors de mon retour à Paris, j'allai trouver le prince de Carignan, rentré en France avec le duc d'Angouême. Je lui racontai ce que je savais de Riccardi, et lui demandai son appui pour lui faire obtenir sa rentrée à Turin.

« De quel poids pourrait être ma recommandation en
« ce moment... moi qui ne suis pas même rappelé ?...
« me dit le prince... Mais que Riccardi attende, qu'il
« se repose sur moi ; le temps ne peut tarder à venir
« où il sera rendu aux siens. »

Riccardi, auquel je donnai connaissance de ma conversation avec le prince de Carignan, m'écrivit de Londres qu'il était sur le point de partir pour Montevideo avec quelques-uns de ses compagnons d'infortune.

« Si un jour je revois l'Europe, disait-il, j'accourrai
« vers vous avant de me rendre dans ma famille, car
« je vous dois cent fois la vie... »

Depuis lors plus rien, aucun signe de vie de Riccardi. Je ne le crus pas oublieux et encore moins ingrat ; mais le climat d'Amérique... puis les chances dans les combats dont les journaux ne donnaient que des relations incomplètes.

. . . .

Vingt années s'étaient écoulées, lorsqu'en 1844 mon médecin m'envoya aux eaux d'Aix, en Savoie. Je m'y rendis, décidé à poursuivre jusqu'à Turin si, d'après les renseignements que je me procurerais, j'apprenais le retour en Piémont de Riccardi.

Un jour que je questionnais un officier de la garde du roi Charles-Albert (ci-devant prince de Carignan), j'appris que Sa Majesté avait pour aide-de-camp un général du nom de Riccardi, que celui-ci jouissait de la confiance particulière du roi. Mon officier ne put me donner aucun autre renseignement; je m'empressai d'écrire au général Riccardi la lettre suivante :

« Monsieur le général,

« En vous disant mon nom, je ne doute pas que, si
« vous êtes l'officier que j'ai rencontré en Espagne en
« 1823, vous me donniez les moyens de satisfaire l'em-
« pressement que je mettrai à vous aller trouver. Mais
« dans le cas où cet officier ne serait que votre homo-
« nyme, je vous demande d'être assez bon pour me
« faire savoir ce qu'il est devenu. »

Voici la réponse que me fit immédiatement l'aide-de-camp du roi :

« Monsieur le colonel,

« Votre nom m'est parfaitement connu, et je possède
« encore la lettre de mon infortuné frère (dont vous me
« parlez) dans laquelle il me dit tout ce qu'il vous
« doit... Votre belle conduite à son égard, la noblesse
« de vos procédés envers lui y sont exprimés dans les
« termes les plus chaleureux et les plus honorables
« pour vous. Hélas! monsieur le colonel, mon pau-
« vre frère, que nous pleurons tous, avait été entraîné
« par quelques amis à offrir son bras à des Américains

« malheureux ; il a succombé dans un combat près de
« Montévideo.

« Il me serait bien doux d'aller vous serrer les
« mains ; mais j'habite en ce moment près de Gênes,
« sur les bords de la mer, par raison de santé, puis
« aussi par suite de souffrances qui m'enlèvent le pou-
« voir de me déplacer.

« En vous faisant connaître ma résidence, monsieur
« le colonel, c'est vous dire tout le bonheur que j'au-
« rais à vous y recevoir. Permettez à un pauvre gout-
« teux, au frère de votre ami, de compter sur votre
« visite à l'issue de la saison des eaux. Nous parlerons
« de ce frère bien aimé, et vous comblerez les vœux
« de votre bien dévoué.

« Le général RICCARDI. »

Dans l'épisode de Riccardi nous avons relaté les
principaux événements de la campagne d'Espagne,
que l'exagération et la flatterie ont osé mettre de ni-
veau avec nos grandes guerres !... Sous le dernier
règne, nous avons vu aussi les bulletins de l'Algérie
élevant à la taille de nos héros de l'Empire certains
officiers qui, au moyen de fastueux rapports, obtin-
rent des avancements prodigieux !... Mais je n'ai
nulle intention d'aborder ici ce chapitre, et je me bor-
nerai à dire que ce n'est pas la faute de nos soldats
s'ils ne trouvèrent pas des luttes dignes du courage
de leurs aînés. Le soldat français a fait et fera toujours
bravement, toujours noblement son devoir, dès que la
fortune des armes lui en donnera l'occasion.

Si leurs aînés ont renversé plus d'obstacles, vaincu plus d'ennemis, soutenu plus d'assauts, livré plus de batailles, c'est parcequ'ils se sont trouvés en présence de dangers plus graves, d'hostilités plus violentes, d'adversaires plus acharnés et plus nombreux; les hommes étaient les mêmes, les circonstances seules furent différentes. Avides de périls, ils n'en ont évité ni négligé aucun; ils ont couru offrir leur poitrine partout où ils ont vu briller un fer.

Bien que je n'aie eu l'intention de citer qu'un épisode de la campagne de 1823, je crois devoir l'accompagner de quelques aperçus historiques, nécessaires à ceux de mes lecteurs auxquels auront pu échapper les considérations politiques qui rendirent indispensable notre intervention en Espagne, ainsi que le choix heureux que fit alors le roi Louis XVIII du Dauphin, de ce prince héritier du trône et parent de Ferdinand VII, pour commander en chef l'armée de l'expédition qui allait être entreprise.

Sous le point de vue militaire, la guerre de 1823 ne fut pas une question de stratégie, mais bien une question toute politique, un événement d'un intérêt secondaire pour la France. Cette campagne ne peut donc occuper qu'une page modeste, un souvenir d'estime et de bienveillance.

Le cabinet de Saint-James, qui prévoyait et redoutait l'issue de la lutte dans laquelle nous allions nous engager, s'était, dès le principe, empressé d'offrir sa médiation ; mais Louis XVIII refusa de reconnaître le droit d'intervention dans les affaires d'Espagne.

L'ambassadeur anglais accablait de notes le ministre des affaires étrangères du roi ; il allait jusqu'à faire pressentir un blâme énergique de la part de son gouvernement, dans le cas où l'armée française franchirait les Pyrénées. L'Angleterre crut ainsi imposer à la France ; mais toute incertitude cessa devant le discours de la couronne prononcé à l'ouverture de la session , le 28 janvier 1823. Le roi s'exprima en ces termes sur la situation intérieure du royaume :

« La France devait à l'Europe l'exemple d'une pros-
« périté que les peuples ne peuvent obtenir que du re-
« tour à la religion, à la légitimité, à l'ordre, à la
« vraie liberté : ce salutaire exemple, elle le donne au-
« jourd'hui ; mais la justice divine permet qu'après
« avoir longtemps fait éprouver aux autres nations
« les terribles effets de nos discordes nous soyons
« nous-mêmes exposés aux dangers qu'amènent des
« calamités semblables chez un peuple voisin. J'ai
« tout tenté pour garantir la sécurité de mes peuples
« et préserver l'Espagne elle-même des derniers mal-
« heurs. L'aveuglement avec lequel ont été repoussées
« les représentations faites à Madrid laisse peu d'es-
« poir de conserver la paix. J'ai ordonné le rappel de
« mon ministre ; cent mille Français, commandés par
« un prince de ma famille, par celui que mon cœur se
« plaît à nommer mon fils, sont prêts à marcher, en
« invoquant le Dieu de S. Louis , pour conserver le

« trône d'Espagne à un petit-fils d'Henri IV, préser-
« ver ce beau royaume de sa ruine, et le réconcilier
« avec l'Europe.

« Nos stations vont être renforcées dans les lieux où
« notre commerce maritime a besoin de cette protec-
« tion; des croisières seront établies partout où nos ar-
« rivages pourraient être inquiétés. Si la guerre est
« inévitable, je mettrai tous mes soins à en resserrer
« le cercle, à en borner la durée ; elle ne sera entre-
« prise que pour conquérir la paix , que l'état de l'Es-
« pagne rendait impossible. Que Ferdinand soit libre
« de donner à ses peuples les institutions qu'ils ne
« peuvent tenir que de lui, et qui, en assurant leur re-
« pos, dissiperont les justes inquiétudes de la France ;
« dès ce moment les hostilités cesseront : j'en prends
« devant vous, messieurs, le solennel engagement... »

Les représentations incessantes et parfois acrimo-
nieuses de l'Angleterre déterminèrent le roi de France
à hâter ses préparatifs, et le 15 mars Mgr le duc d'Angoulême, après avoir reçu les derniers ordres de Sa
Majesté, prit la route de Bayonne.

Son Altesse Royale était investie des pouvoirs les
plus étendus. M. le vicomte de Martignac fut chargé
d'accompagner le prince généralissime avec mission
d'entretenir des relations amicales et conciliatrices
entre Son Altesse Royale et les autorités qui seraient
établies en Espagne après l'entrée des troupes françaises.

Mais un des points importans qui eurent pour effet
de prévenir toutes difficultés possibles dans le pays que
nous avions à parcourir fut de faire connaître aux
Espagnols qu'on n'imposerait à leur pays ni domination étrangère ni même une contribution quelconque.

Le 30 du même mois, le prince arrivait à Bayonne,
et la proclamation suivante était mise à l'ordre du
jour :

« Soldats !

« J'arrive parmi vous. J'ai été satisfait du bon es-
« prit qui vous anime, de votre constance à supporter
« les fatigues d'une longue marche pendant l'intem-
« périe de la saison. C'est par l'éclat de toutes les ver-
« tus militaires que vous montrerez bientôt votre dé-
« vouement au roi et à la patrie. *Fidélité, honneur* et
« *discipline* sera toujours la devise du drapeau blanc
« sous lequel nous allons combattre. Je veillerai à
« vos besoins.

« Louis-Antoine. »

Le lendemain, Son Altesse Royale adressa aux Espagnols le Manifeste suivant, qui fut répandu sur toute
la ligne des Pyrénées, et qui pénétra dans l'intérieur
de la Péninsule.

« Espagnols !

« Le roi de France, en rappelant son ambassadeur
« de Madrid, avait espéré que le gouvernement espa-
« gnol, averti de ses dangers, reviendrait à des senti-
« ments plus modérés, et cesserait d'être sourd aux con-

« seils de la bienveillance et de la raison. Deux mois et
« demi se sont écoulés, et Sa Majesté a vainement at-
« tendu qu'il s'établît en Espagne un ordre de choses
« compatible avec la sûreté des Etats voisins.

« Le gouvernement français a supporté deux années
« entières , avec une longanimité sans exemple, les
« provocations les moins méritées. La faction révolu-
« tionnaire qui a détruit dans votre pays l'autorité
« royale, qui tient votre roi captif, qui demande sa dé-
« chéance, qui menace sa vie et celle de sa famille , a
« porté au-delà de vos frontières ses coupables efforts;
« elle a tout tenté pour corrompre l'armée de S. M. T. C.,
« et pour exciter des troubles en France, comme elle
« était parvenue, par la contagion de ses doctrines et
« de ses exemples, à opérer les soulèvements de Naples
« et du Piémont. Trompée dans ses coupables espé-
« rances, elle a appelé des traîtres, condamnés par nos
« tribunaux, à consommer, sous la protection de la
« rébellion triomphante, les complots qu'ils avaient
« formés contre leur patrie.

« Il est temps de mettre un terme à l'anarchie qui
« déchire l'Espagne , qui lui ôte le pouvoir de pacifier
« ses colonies , qui la sépare de l'Europe , qui a rompu
« toutes ses relations avec les augustes souverains que
« les mêmes intentions et les mêmes vœux unissent à
« S. M. T. C., et qui compromet le repos et les intérêts
« de la France. — Espagnols ! la France n'est point en
« guerre avec votre patrie. Né du même sang que vos
« rois, je ne puis désirer que votre indépendance , vo-

« tre bonheur et votre gloire. Je vais franchir les Py-
« rénées à la tête de cent mille Français ; mais c'est
« pour m'unir aux Espagnols amis de l'ordre et des
« lois ; pour les aider à délivrer leur roi prisonnier, à
« relever l'autel et le trône, à arracher les prêtres à la
« proscription, les propriétaires à la spoliation, le peu-
« ple entier à la domination de quelques ambitieux,
« qui, en proclamant la liberté, ne préparent que la
« ruine de l'Espagne.

« Espagnols ! tout se fera pour vous et avec vous ;
« les Français sont et ne veulent être que vos auxi-
« liaires; votre drapeau flottera seul sur vos cités ; les
« provinces traversées par nos soldats seront adminis-
« trées au nom de Ferdinand par des autorités espa-
« gnoles ; la discipline la plus sévère sera observée;
« tout ce qui sera nécessaire au service de l'armée sera
« payé avec une religieuse exactitude. Nous ne pré-
« tendons ni vous imposer des lois, ni occuper votre
« pays; nous ne voulons que votre délivrance. Dès que
« nous l'aurons obtenue, nous rentrerons dans notre
« patrie; heureux d'avoir préservé un peuple géné-
« reux des malheurs qu'enfante une révolution et que
« l'expérience ne nous a que trop appris à connaître.

« Au quartier général, à Bayonne, le 2 avril 1823.

« Signé : Louis-Antoine.
« Contre-signé : de Martignac. »

Un nouvel ordre du jour accompagna celui qui
prescrivait de franchir les Pyrénées; le prince s'expri-
mait ainsi :

« Soldats !

« La confiance du roi m'a placé à votre tête
« pour remplir la plus noble mission. Ce n'est pas
« l'esprit de conquête qui nous a fait prendre les ar-
« mes; un motif plus généreux nous anime. Nous al-
« lons replacer un roi sur le trône, le réconcilier avec
« son peuple et rétablir dans un pays en proie à l'a-
« narchie l'ordre nécessaire au bonheur et à la sûreté
« des deux Etats.

« Soldats ! vous respecterez et ferez respecter la re-
« ligion, les lois et les propriétés, et vous me rendrez
« facile l'accomplissement du devoir qui m'est imposé,
« de maintenir les lois de la plus exacte discipline.

« Au quartier-général, à Bayonne, le 3 avril 1823.

« Louis-Antoine. »

L'état-major du prince était loin d'être composé
d'*officiers de cour*, comme on en voyait surtout dans
les salons du pavillon de Marsan. Le général Guilleminot avait su s'entourer de capacités militaires en
général étrangères à la politique.

On remarquait avec plaisir que le prince avait appelé, pour commander les différents corps, tout ce que
l'armée possédait de braves, sans distinction des couleurs qu'ils avaient suivies.

Les héros de la République, ceux de l'Empire, ainsi
que les anciens braves et dévoués de l'armée de Condé,

par un effet de la généreuse confiance du prince généralissime, furent confondus sous le même drapeau.

Mon intention n'est nullement de parler des opéra
tions militaires de l'armée : l'histoire a fait connaître
que partout où se présentaient nos colonnes elles n'éprouvaient point de résistance sérieuse de la part de
l'ennemi , qui se retirait assez habituellement devant
nous après avoir satisfait à l'honneur ; d'où il résulta
que, dans le cours de cette campagne, il n'y eut que
peu de combats sanglants.

Outre que l'armée espagnole était commandée par
des généraux dont l'habileté était douteuse, ceux-ci
n'étaient nullement sympathiques aux troupes sous
leurs ordres.

D'un côté, la nation était loin de partager l'opinion
de l'armée espagnole. « Le peuple espagnol n'avait vu
« qu'avec indignation la révolution militaire qui avait
« renversé les institutions religieuses et les lois de l'an-
« cienne monarchie de Castille ; son caractère était
« tout à fait en opposition avec les nouvelles doctri-
« nes qu'un esprit innovateur avait voulu introduire
« dans les Espagnes. Les maximes religieuses et poli-
« tiques proclamées par les cortès, et qui ne pouvaient
« se justifier que par les raisonnements d'une philoso-
« phie spéculative, inspiraient une vive indignation à
« des hommes habitués à n'avoir que des croyances et
« à confondre dans leur amour et leur vénération la
« religion et le roi.»

D'un autre côté, les cortès commirent la grande faute de se lancer dans les principes d'un gouvernement populaire. Les fonctionnaires administratifs et municipaux furent élus par le peuple: Les conséquences de ce principe dangereux produisirent les effets les plus déplorables, et bientôt le nouveau gouvernement tomba dans la déconsidération par toute l'Espagne.

Cet état de choses donna à notre armée une grande force morale; aussi trouvâmes-nous dans la population entière les secours, les ressources que les cortès auraient vainement réclamés.

Le mouvement de l'armée ressemblait plutôt à une marche triomphale qu'à une campagne militaire.

La marche du prince fut une série d'ovations; les démonstrations étaient tellement enthousiastes qu'il serait difficile de les décrire ; j'ai assisté à l'entrée de S. A. R. dans Burgos et dans Madrid.

Les principaux magistrats de cette première ville, ainsi qu'une grande partie de la population, s'étaient portés à sa rencontre, et renouvelèrent à cette occasion le bizarre spectacle des cérémonies usitées sous l'ancienne monarchie castillane. Un cortége nombreux avait été préparé pour accompagner le prince à son entrée. La marche était ouverte par douze hommes d'une taille gigantesque, qui représentaient la force et la vaillance ; venaient ensuite différents groupes de danseurs, imitant dans leurs jeux expressifs des lutte et des combats à outrance. Au milieu de la foule , on

3

voyait un mannequin, vêtu de lambeaux, le teint pâle
et livide, et le corps chargé de chaînes (il figurait la
constitution des cortès); le peuple le couvrait de boue,
et le poursuivait aux cris de : *Vive le roi ! Mort à la
constitution ! Gloire aux Français !* Un char de triom-
phe, traîné par quatre chevaux, suivait immédiatement le cortége; il était destiné au prince, qui le refusa
et voulut faire son entrée à cheval, à la tête des
troupes. (1)

A Madrid, les rues que traversa le prince généralissime étaient ornées de tentures, de guirlandes de
fleurs, de drapeaux et de devises analogues à la circonstance. Le son de toutes les cloches de la ville se
mêlait aux accords de la musique militaire, aux trans-
ports de l'allégresse populaire ; des groupes de femmes, dansant au son du tambourin et des castagnettes,
jetaient des fleurs sur le passage de S. A. R. Les fenêtres et les balcons étaient garnis de dames brillantes
de parure et de beauté, agitant des drapeaux blancs
aux armes de France et d'Espagne. Il est bien difficile
de rendre l'enthousiasme de la population qui se pressait autour du prince et de ses troupes, non moins im-
posantes par leur admirable discipline que par leur
belle tenue militaire.

L'armée française, divisée en cinq corps d'armée,
s'avançait avec un ensemble merveilleux. Ce grand

(1) En ma qualité de commandant de la place, les magistrats m'a-
vaient soumis un programme de fête pour célébrer l'entrée du prince
dans leurs murs. Ce qu'ils se proposaient de faire dépasse tout ce
qu'on pourrait imaginer ; j'en fis supprimer les trois quarts.

réseau envahissait peu à peu toute la péninsule, et refoulait devant lui les différentes armées constitutionnelles.

Ainsi qu'on devait s'y attendre, à mesure que nous gagnions du terrain, les autorités locales des provinces dépassées par l'armée française se recomposèrent plus acharnées que jamais contre celles qui s'étaient dévouées aux cortès. Partout la réaction se déployait telle que des provinces entières vinrent implorer la magnanimité si connue du prince généralissime. Les excès les plus coupables avaient lieu dans plusieurs des provinces rentrées sous l'autorité royale, et où la régence de Madrid avait donné les places administratives aux plus zélés partisans du gouvernement absolu. Les événements de Séville et la translation de la famille royale à Cadix avaient exalté les passions d'une populace qui servait tour à tour d'instrument à tous les partis.

Ce fut alors que S. A. R., pour mettre fin à ces debordements passionnés, fit publier la célèbre ordonnance d'Andujar, qui sera, dans nos annales, un témoignage impérissable de l'esprit de modération et de la sagesse du prince. Elle était conçue en ces termes :

« Nous, Louis Antoine d'Artois, fils de France, duc d'Angoulême, commandant en chef l'armée des Pyrénées, considérant que l'occupation de l'Espagne par l'armée française sous nos ordres nous met dans l'indispensable obligation de pourvoir à la tranquillité de ce royaume et à la sûreté de nos troupes,

« Avons ordonné et ordonnons ce qui suit :

« Art. 1er. Les autorités espagnoles ne pourront faire aucune arrestation sans l'autorisation du commandant de nos troupes dans l'arrondissement duquel elles se trouveront.

« Art. 2. Les commandants en chef des corps de notre armée feront élargir tous ceux qui ont été arrêtés arbitrairement et pour des motifs politiques, notamment les miliciens rentrant chez eux. Sont toutefois exceptés ceux qui, depuis leur entrée dans leurs foyers, ont donné de justes motifs de plaintes.

« Art. 3. Les commandants en chef des corps de notre armée sont autorisés à faire arrêter ceux qui contreviendraient au présent ordre.

« Art. 4. Tous les journaux et journalistes sont placés sous la surveillance des commandants de nos troupes.

« Art. 5. La présente ordonnance sera imprimée et affichée partout, etc. »

Mais le prince qui, dans sa sagesse, avait cru, en publiant cette œuvre de conciliation, calmer les passions, était loin de s'attendre qu'elle produirait un effet contraire chez certains hommes investis de grands pouvoirs, et qui s'étaient faits plus royalistes que le roi.

L'animation de quelques chefs arriva bientôt à son comble, et dans plusieurs provinces les autorités défendirent la publication de l'ordonnance.

On assure que des remontrances furent alors adres-
sées au duc d'Angoulême par le roi, captif à Cadix, et
que même il fut blâmé par la cour de France...; mais
S. A. R. ne persista pas moins dans sa haute politique
de conciliation. L'affection, les sympathies et le dévouement de toute l'armée à sa personne le dédomma-
geaient amplement de tous les ennuis que lui susci-
taient les exaltés espagnols et français.

Ce prince magnanime et généreux accomplit glo-
rieusement en sept mois et demi la noble mission dont
il était chargé.

Cette expédition coûta, assure-t-on, près de deux
cents millions, et environ deux mille des nôtres furent
tués sur le champ de bataille, ou moururent à la suite
de blessures, de maladies et des fatigues de la guerre.

Nos soldats avaient montré à l'Europe une armée
attachée par honneur à son gouvernement, et toujours
douée des brillantes qualités qui l'avaient fait distin-
guer si éminemment à d'autres époques : il n'avait
manqué à nos jeunes soldats que plus d'occasions de
déployer la valeur de leurs devanciers.

Les troupes françaises rentrèrent en France avec
l'estime et l'admiration des deux partis qui divisaient
encore l'Espagne et qui ne pouvaient s'accorder que
sur ce chapitre.

L'opinion de M. Canning, premier ministre d'Angleterre, sur cette guerre suffirait à la gloire de l'armée
française, si justice ne lui avait été rendue par ses adversaires sur les champs de bataille.

« Jamais armée, dit Canning, n'a fait si peu de mal et n'en a empêché autant.»

L'armée française, composée de cinq corps d'armée et d'une réserve, avait pour la commander les chefs illustres dont voici les noms :

1er corps, le duc de Reggio.

2e — le général comte Molitor,

3e — le prince de Holenlohe.

4e — le maréchal Moncey.

5e — le maréchal de Lauriston.

La réserve, sous les ordres immédiats de son altesse royale, était commandée par :

Le général comte de Bordesoulle ;

Le général comte de Bourmont ;

Le général Tirlet, commandant l'artillerie ;

Le général Dode de La Brunerie, commandant le génie.

Je n'ai pas cru devoir suivre les opérations des différents corps d'armée que des rapports officiels ont publiées.

Le plus beau fait d'armes qui termina glorieusemen cette campagne fut la prise du Trocadéro.

En terminant, je rapporterai quelques noms plus

particulièrement cités dans les ordres du jour des différents corps d'armée :

Dans le 1er corps, commandé par le maréchal duc de
Reggio : le général baron Vallin, général de division
en retraite ; — le général marquis de La Rochejaque-
lein ; — le chef de bataillon du génie Dupau ; — le
chef de bataillon Courtot, du 9e léger, général de
brigade en retraite.

Dans le 2e corps, commandé par le général comte
Molitor : le général vicomte de Bonnemain ; — le général baron Vincent ; — le colonel comte d'Hautpoul,
commandant le 4e régiment de ligne ; — le capitaine
d'état-major de Bertheux.

Dans le 3e corps, commandé par le prince de Hohen-
lohe : le général baron Jamin ; — le colonel comte
Baraguey-d'Hilliers, général de division, vice-prési-
dent du sénat ; — le chef de bataillon d'état-major Au-
pick, général de division, ambassadeur en Espagne.

Dans le 4e corps, commandé par le maréchal Moncey : le général Donnadieu ; —le général baron Achard,
général de division, sénateur ; —le général Fantin des
Odoarts, général de brigade en retraite ; — le colonel
du génie Tholozé, général de division en retraite.

Dans le 5e corps, commandé par le maréchal marquis de Lauriston : le général comte de Fernig ; — le
colonel comte de Danrémont, gouverneur général de
l'Algérie, emporté par un boulet au siége de Constan-
tine ; — le colonel Schneider, ex-ministre de la guerre ;

— le colonel comte de Chastellux, ex-pair, général en retraite; — le colonel marquis de Faudoas.

Dans le corps de réserve, commandé par les généraux comte de Bordesoulle et comte de Bourmont, sous les ordres immédiats du prince généralissime : S. A. R. le prince de Carignan (Charles-Albert), mort roi de Sardaigne; — le général duc des Cars, général de division; — le général duc de Guiche, général de division en retraite; — le général marquis de Béthisy; — le général vicomte de Saint-Mars, secrétaire général de la grande chancellerie de la Légion-d'Honneur; — le général marquis de Lauriston, général de brigade en retraite, ex-pair de France; — le colonel d'artillerie vicomte de La Hitte, général de division, sénateur; — le chef de bataillon d'Ascher de Montgascon; — le chef d'escadron des gardes du corps comte de Tournon; — le capitaine Louis de Bourmont; — le capitaine Poinsignon, du 34e régiment, général de brigade; — le capitaine de La Rue, général de division, inspecteur général de gendarmerie; — le capitaine d'Oraison, général de brigade; — le sergent du génie Aubert.

Dans la marine, sous les ordres de l'amiral Duperrey : — le contre-amiral Hamelin, préfet maritime à Toulon; — le contre-amiral des Rotours; — le capitaine de frégate Lainé, vice-amiral; — le capitaine de frégate de Vennancourt, capitaine de vaisseau en retraite; — le lieutenant de vaisseau Kerdrain; — l'enseigne Bermont.

Parmi les braves qui se distinguèrent à la prise du Trocadéro, nous citerons particulièrement le prince de

Carignan, qui, ayant voulu marcher comme volontaire dans les rangs des grenadiers de la garde royale, avait escaladé des premiers les retranchements ennemis et à qui ses compagnons d'armes de la garde offrirent, comme hommage à sa brillante valeur, les épaulettes de l'un de leurs plus intrépides camarades, tué dans l'action.

Le colonel comte d'Hautpoul (aujourd'hui général de division, grand référendaire du sénat) déploya pendant le cours de cette campagne une grande valeur. Cité plusieurs fois à l'ordre de l'armée, il fut nommé commandeur de la Légion-d'Honneur et colonel du 3e régiment d'infanterie de la garde royale.

Le lieutenant-colonel d'artillerie de La Hitte (ex-ministre des affaires étrangères, aujourd'hui général de division et sénateur) fut chargé par son altesse royale le prince généralissime, dont il était aide-de-camp, de la direction de plusieurs opérations d'une haute importance : il s'en acquitta avec autant de bravoure que de talent.

Le capitaine d'état-major de Bertheux fut mis plusieurs fois à l'ordre pour sa belle conduite. Il est auteur d'un Mémoire remarquable et fort important sur les opérations du 2e corps d'armée.

Le capitaine d'état-major comte de La Rue (aujourd'hui général de division, etc., etc.) s'empara d'un drapeau à l'affaire de San-Lucar, et obtint dans le cours de cette campagne le grade de chef d'escadron et la croix d'officier de la Légion-d'Honneur.

3*

J'ajouterai à ces trop courtes citations un fait d'armes qui hâta le rapide enlèvement à la baïonnette de la formidable *Cortadura*, au Trocadéro.

Pendant la nuit qui précéda l'attaque, toutes les dispositions avaient été prises par le général du génie Dode de La Brunerie, et au signal qui devait être donné, vers le point du jour, vingt compagnies d'élite des régiments de ligne, ainsi que trois bataillons de la garde royale, devaient s'élancer à travers la Cortadura, et en escalader les fortifications, hérissées de canons.

La compagnie de grenadiers du 34e de ligne, commandée par le capitaine Poinsignon, occupait l'extrême gauche du front d'attaque.

« ....Au front d'attaque, chacune de nos colonnes, dit un témoin oculaire, était à son poste avant le point du jour; nous gardions le silence le plus profond, attendant avec une vive impatience la voix tonnante du canon. A ce signal, le 36e de ligne, qui s'était audacieusement engagé, perdait beaucoup de monde par la mitraille. C'est alors que Poinsignon, jugeant qu'une diversion devenait urgente, s'élance, sans en attendre l'ordre, à la tête de ses cent grenadiers, dans l'étroit passage qui conduit à la Cortadura, s'y précipite et la traverse ayant de l'eau jusqu'au menton. Les parapets, garnis d'épais abattis, sont escaladés. Le brave Poinsignon pénètre le premier, par une embrasure, dans la batterie avancée. L'ennemi lui oppose la résistance la plus opiniâtre; mais il doit céder aux baïonnettes des grenadiers de Poinsignon, qui restent maîtres de ce

point important : la plupart des canonniers se firent
tuer sur leurs pièces. »

Ce trait hardi valut au brave Poinsignon (aujour-
d'hui général commandant le département de la Dor-
dogne) la croix d'officier de la Légion-d'Honneur, le
grade de chef de bataillon et son admission dans la
garde royale.

APPENDICE.

———

Deux circonstances dans lesquelles j'eus occasion de me faire connaître des habitants de cette capitale de l'Andalousie m'attirèrent leurs sympathies. Je ne les cite que pour prouver qu'il existe dans le cœur andaloux deux sentiments portés à l'extrême ; une justice poussée parfois jusqu'au crime par l'exaltation dont ils sont susceptibles, et une autre justice mesurée, réfléchie, véritable héritage des anciens dominateurs de cette contrée de la Péninsule.

Dans l'une de ces circonstances j'eus à déployer de la vigueur énergique, de la rigueur même, pour éviter non pas un assassinat, mais une véritable boucherie.

Trente à quarante prisonniers faits sur l'arrière-garde du corps de *Lopez Banos* entraient en ville escortés par un peleton de dragons. Déjà ils étaient arrivés sur la place pour être dirigés vers le couvent qui servait de dépôt aux prisonniers. Mais bientôt une rumeur progressive s'empare de tous les exaltés à la première nouvelle que des *negros* sont sur la grande place, et qu'on veut les soustraire au juste châtiment qui leur est destiné... ; qu'enfin il est temps de se faire justice soi-même, puisque les Français veulent les sauver. Dès que je suis averti de ce qui se passe, j'accours à la tête d'un escadron..., je trouve la place envahie par une multitude qui s'agite et vocifère des cris de mort..., à mort les *negros*... l'escorte des prisonniers les avait acculés dans un angle de la place, et, le sabre à la main, en défendait l'approche contre cette multitude incessamment croissante.

Mon apparition eut pour premier objet de dégager les prisonniers, d'étendre peu à peu le cercle et enfin de déblayer entièrement la place, dont je fis garder les avenues.

Tandis que je m'entendais avec le chef de la police sur les moyens à prendre pour conduire les prisonniers en lieu de sûreté, un homme d'une haute taille franchit le cordon des sentinelles, et s'avance vers moi d'un air menaçant. Il m'apostrophe de la manière la plus outrageante, et, comme je feignais de ne pas l'entendre, son irritation s'élève à un tel paroxysme que, sortant de sa poche un long couteau, il m'en menace dans le cas où je m'opposerais à *arrêter l'acte de justice réclamé par tous les bons royalistes de Séville*. Le chef de la police, qui avait les yeux sur lui, m'avertit à temps, car ce forcené brandissait son arme vers moi ; alors, jugeant le moment venu de faire un exemple, je lui appliquai sur le bras un vigoureux coup de sabre, et le sang jaillit aussitôt..... Cet homme se retire sans proférer une parole, soutenant son bras ouvert jusqu'à l'os..... En moins de cinq minutes la place et toutes les rues voisines furent évacuées..... et les prisonniers purent être conduits sans le moindre obstacle au couvent de San-Francisco. A cette occasion l'ayuntamiento en corps vint me féliciter d'avoir usé énergiquement de mon pouvoir, et m'assurer qu'à cela près de quelques énergumènes, dont ils allaient faire bonne justice, je pouvais compter qu'aucune scène de ce genre ne se renouvellerait plus. Cet acte de ma part produisit une telle influence dans Séville que je ne sortais jamais sans être l'objet de manifestations assez embarrassantes.

La seconde fois où il me fallut déployer une prompte initiative, ce fut le jour où un incendie éclata dans l'un des quartiers populeux de la ville. Lorsque j'arrivai, aucun secours n'était établi; la population se précipitait en masse pour soustraire les divers mobiliers aux flammes qui menaçait d'envahir tout un quartier.

Mon premier soin fut de faire cerner la partie menacée, et tandis que quelques secours arrivaient pour éteindre le feu, j'ordonnai à deux cents voltigeurs d'opérer le sauvetage des meubles, qui tous furent apportés en masse sur la place la plus voisine. Une fois maître du feu, il ne restait plus qu'à rendre à chacun ce qui lui appartenait.

D'abord cette première mesure de n'employer aucun habitant pour le déménagement fit craindre aux différents propriétaires que les objets les plus précieux ne fussent soustraits par nos soldats; mais lorsqu'après la reconnaissance de tout ce qui avait été transporté en lieu de sûreté les incendiés purent constater que quelques objets seuls de peu de valeur ne se retrouvaient pas, deux pièces d'or sorties de ma poche les indemnisèrent bien au-delà des chiffons égarés.

Cette action toute simple de ma part fut bientôt répandue par la ville, et augmenta ma popularité.

Lorsque je dus rejoindre le prince pour l'attaque du Trocadéro, le chef de la junte suprême m'écrivit la lettre suivante :

Excellentissime Seigneur !

La Junte a reçu et lu avec la plus vive émotion la dépêche officielle de Votre Excellence, en date de ce jour, dans laquelle vous lui annoncez votre départ pour demain matin. Elle ne saurait assez exalter la haute considération qu'elle porte à Votre Excellence, et lui exprimer combien votre absence lui sera pénible. Cette corporation ne pourra que regretter bien vivement la cessation de ses relations si agréables avec vous, tant par la droiture, la justice et la douceur de votre caractère que par la fermeté que vous avez déployée chaque fois qu'il s'est agi des intérêts de notre Seigneur et Roi Ferdinand VII, ainsi que par la discipline si exacte que vous avez su maintenir parmi les troupes sous vos ordres.

La cité de Séville conservera toujours un souvenir précieux des services éminents que vous lui avez rendus et des marques de distinction dont Votre Excellence a bien voulu l'honorer.

La Junte, en son particulier, regardera comme un devoir sacré pour elle de chercher les occasions de vous prouver toute sa vive et respectueuse reconnaissance.

Excellentissime Seigneur, en ma qualité de procureur général de la junte et en son nom, j'ai la satisfaction de vous offrir avec la plus haute considération tous mes respects.

Signé Ignano DE MÉDINA Y HUETE.

Séville, le 28 juin 1823.

A son Excellence M. Jules Marnier, chef d'état-major de la garde royale, gentilhomme de la Chambre du roi, gouverneur de Séville.

TRUXILLO.

De loin on aperçut Truxillo, la vieille cité romaine, assise sur la montagne dont ses édifices couronnent la cime et qu'elle sillonne de ses maisons, qui descendent jusque dans la plaine.

Nous entrâmes dans la ville.

Jamais spectacle pareil ne s'était offert à nos yeux : nous avions bien trouvé jusque là quelques villages et quelques bourgs abandonnés, mais jamais une ville entière. Truxillo était muette, déserte et vide. A notre approche, sa population s'était retirée : d'un seul mouvement douze mille âmes, dans un seul et même sentiment d'abnégation pour la propriété, avaient déserté le toit domestique. Une si douloureuse unanimité, qui donnait la mesure de la haine qu'on nous portait, remplit l'âme de ces soldats, habitués à se voir si bien reçus partout, de surprise et de tristesse.

On eût cru entrer dans une ville morte ; et cependant la veille encore cette ville, qui renfermait plus de vingt couvents, huit ou dix églises remarquables, plusieurs palais magnifiques, avait toute une population de seigneurs, de bourgeois, de prêtres et de moines. De toute cette population, pas une âme n'était restée ; les malades eux-mêmes avaient été emportés des maisons et des hôpitaux. On ouvrit toutes les portes sans trouver même un seul animal domestique.

Longtemps nous nous refusâmes à croire à un tel acte de patriotisme, dont Moscou devait plus tard nous donner un nouvel et fatal exemple !... Mais après avoir tout parcouru, tout visité, on acquit la certitude que nulle embuscade n'était cachée derrière ce silence, et que les Espognols avaient bien réellement fait le sacrifice de tout ce qu'ils possédaient dans cette riche cité.

Deux heures après, l'aspect de la ville avait changé de face : l'esprit français s'était répandu dans la nécropole et l'avait peuplée. Chaque palais, chaque couvent, semblait avoir retrouvé ses habitants. Les églises elles-mêmes se réveillaient de ce grand silence. Les soldats, pendus aux cordes des cloches, les sonnaient à toute volée, tandis que les musiciens s'emparaient des orgues et leur faisaient répéter des mélodies toutes françaises, et dont quelques-unes étaient bien un peu profanes pour le lieu où elles retentissaient.

Pendant ce temps, des groupes nombreux se rassemblaient sur les places ou se promenaient dans les rues, grattant sans pitié les mandolines et les guitares qu'ils avaient trouvées dans les maisons vides. Le soir, la ville semblait non seulement ressuscitée, mais encore on eût cru qu'on était aux jours les plus joyeux du carnaval.

DOLORÈS.

DOLORÈS.

(1808-1823)

Quelques amis m'ont reproché d'avoir, dans le livre que j'ai publié naguère sous le titre de : *Mouchoir de la Reine de Prusse,* négligé de faire connaître la destinée de la fille du vénérable marquis de X....., l'intéressante Dolorès, qui, à la mort de son père, fut violemment enfermée au fond d'un cloître.

Il suffira de quelques mots pour apprendre à ceux qui n'ont pas lu l'ouvrage dont je parle; ce qu'était la belle Dolorès, lorsque je la vis pour la première fois; j'emprunterai les lignes suivantes à une publication du temps. Bien que cette narration manque d'exactitude, le fait rapporté n'en est pas moins vrai.

« Le jour de l'entrée de l'armée dans Madrid, au mo-
« ment où une compagnie de voltigeurs pénétrait dans
« l'un des grands hôtels de la rue des Récollets, pour s'y
« établir militairement, un vieillard s'avance vers l'offi-
« cier, soutenu par une Espagnole d'une beauté remar-
« quable.

« Monsieur, dit-il à notre camarade, j'ai fait vœu
« d'unir ma fille au premier officier français qui se pré-
« senterait à moi. — Voici ma fille, Monsieur, elle est
« douée de toutes les qualités qui peuvent constituer le
« bonheur dans un ménage. Ma Dolorès sera riche, très
« riche un jour; faites-vous aimer d'elle, Monsieur, et je
« serai heureux de vous nommer mon fils.

« Effectivement, peu de jours après le mariage fut
« célébré, et cette heureuse circonstance valut à notre
« ami, outre une jeune et charmante femme, une dot
« que l'on dit être considérable.»

Le journal qui rendait compte de ce fait avait été mal
informé, ainsi qu'on aura pu s'en convaincre dans le
Mouchoir de la Reine de Prusse.

Le marquis de X....., dont il est ici question, ne
m'offrit pas directement la main de sa fille; mais, à la
suite de plusieurs visites, pendant lesquelles il avait
deviné nos sentiments mutuels, le père de Dolorès fit
plus que d'autoriser mes vœux auprès de sa fille unique :
redoutant pour sa Dolorès de grands malheurs après sa
mort, qu'il considérait comme prochaine, il voulut lui
léguer un appui, un défenseur contre son fils Pépito,

dont il connaissait et les mœurs dissolues et les projets
affreux pour jouir seul de l'héritage de toute sa fortune ;
le marquis, dis-je, désirait que notre union eût lieu le
plus tôt possible.

Mais mon départ de Madrid, la mort du marquis, l'apparition de son fils renversèrent nos rêves de bonheur !

Dolorès fut bientôt violentée par son frère, à qui désormais le titre de chef de famille donnait un pouvoir
illimité sur sa sœur ; il ne craignit même pas d'insinuer
contre elle des calomnies odieuses, jusqu'à l'accuser de
s'être livrée à un Français..... appuyant ses griefs sur
des délations mensongères payées au poids de l'or... Ce
scélérat obtint facilement l'ordre de faire enfermer sa
sœur dans un monastère en expiation du prétendu crime
dont il l'accusait audacieusement.

Ce frère dénaturé mit en usage tous les ressorts de la
fourberie la plus atroce, et il parvint à faire croire que
j'avais été tué dans une bataille ; il alla même jusqu'à
supposer un rapport détaillé de l'action dans laquelle
j'aurais succombé, ajoutant qu'une lettre destinée à sa
sœur, et trouvée sur moi, ne laissait plus de doutes sur
notre liaison intime. Il me fit écrire plusieurs lettres sup-
posées écrites par des personnes dont les noms m'étaient
connus. Toutes m'annonçaient la mort de la fille du marquis. Je me souviens que pour ajouter un raffinement à
ces assertions, et les rendre plus vraisemblables encore,
on m'adressait quelques petits objets qui avaient appar-
tenu à Dolorès et auxquels il présumait que je devais

tenir; ils m'étaient envoyés par la religieuse qui était censée avoir reçu son dernier soupir.

Tout avait été conçu et exécuté avec une telle adresse que nous crûmes positivement Dolorès et moi à la mort l'un de l'autre.

Pendant les quinze années qui s'écoulèrent, c'est à dire depuis 1808, époque à laquelle je quittai Dolorès, jusqu'au jour où nous entrâmes à Truxillo, en 1823, nous ne cherchâmes à interroger personne sur notre sort, étant persuadés l'un et l'autre que nous n'étions plus de ce monde.

Ce fut donc le jour même de notre entrée dans Truxillo que se déroulèrent à mes yeux les atrocités de cet infâme Pépito, cet exalté qui le jour de notre arrivée à Madrid m'avait appuyé sur le cœur le canon de sa carabine, dont je sus parer le coup mortel. Quant à l'ange que j'avais tant regretté, et dont le souvenir m'avait coûté tant de larmes, c'est à Truxillo même que je le retrouvai.... Mais n'anticipons pas, je vais reproduire ici la partie de mon journal écrit à Truxillo, lorsque je dus quitter Dolorès, pour ne plus la revoir.

Le jour même de notre entrée à Truxillo, un ecclésiastique vint de la part de l'abbesse d'un couvent réclamer ma protection. Je chargeai aussitôt un de mes secrétaires de se rendre au couvent pour y placer une sauvegarde.

A son retour, mon sous-officier me raconta ce qui suit, et que j'extrais de mon journal :

« On me fait un tel éloge de l'abbesse que je traite d'exagération tout ce qu'on me raconte à son sujet.

« Cependant je vais traduire exactement les impressions de mon sergent :

« En arrivant au couvent l'on m'introduisit dans le parloir particulier de Madame la supérieure : *Monsieur, me dit-elle, on nous avait tellement effrayées de l'arrivée des Francais, que le calme dont jouit la ville depuis votre entrée nous a toutes rassurées.*

« Autrefois je fus témoin de la prise de Madrid sous Napoléon, et malgré les malheurs inévitables de cette guerre sanglante, nous n'eûmes qu'à nous louer des sentiments nobles et chevaleresques de tous ceux de nos ennemis avec lesquels nous fûmes en communication. — Madame l'abbesse était bien jeune à cette époque. — Je pouvais avoir quinze ans lorsque l'un des premiers vainqueurs entra dans l'hôtel de mon père. Je vois encore la figure douce et sévère de ce jeune officier...... Mon bon père l'a bien aimé, Monsieur, fit l'abbesse en poussant un long soupir....... Hélas! ajouta-t-elle, depuis lors j'ai perdu mon père; cet officier qu'il nommait son fils..... et que j'appelais mon bon frère...... il a suivi de bien près mon père dans la tombe. — Ah! Madame, dis-je à l'abbesse, que mon commandant serait heureux de vous entendre décrire de telles réminiscences, lui qui fut précisément un de ceux qui entrèrent dans Madrid avec l'Empereur. — Votre commandant parut l'un des premiers à Madrid, dites-vous? — Oui, Madame, et même, lorsque dernièrement nous traversâmes cette capitale, je l'accompagnai dans

4

l'hôtel où il avait failli devenir traîtreusement victime d'un exalté. Les informations qu'il prit pour connaître le sort des anciens habitants de l'hôtel le rendirent bien triste, car depuis longtemps la mort les avait tous frappés, maîtres et serviteurs. C'est là, me dit mon commandant, que j'ai failli d'être tué par le fils du propriétaire de ce vaste hôtel. A mesure que je parlais l'abbesse semblait impatiente de me voir poursuivre les détails dans lesquels je venais d'entrer. — Un jeune Espagnol, me dit-elle avec précipitation !.... à la porte d'un hôtel..... comment ! comment s'appelle votre commandant...... dites, je vous prie...... son nom...... son nom....... Je vous nommai, mon commandant ; je ne saurais vous traduire ce qui se passa chez l'abbesse ; toujours est-il qu'une agitation nerveuse s'empara d'elle.... puis, avec un effort vraiment surhumain, elle me dit : Monsieur, j'ai le plus grand besoin de voir votre commandant ; allez, Monsieur, allez sans aucun retard, pour Dieu, allez vite. »

Bien que je ne comprisse rien à ce langage, et que nul pressentiment ne m'arrivât à l'esprit, je me rendis sur l'heure au couvent.

Je venais de pénétrer dans le parloir, lorsqu'un vasistas s'entr'ouvre et se referme précipitamment ; à peine trois minutes s'étaient écoulées qu'une religieuse arrive et me prie de la suivre. Nous passons dans un appartement non dépourvu d'élégance : Vous êtes chez madame l'abbesse. me dit la sœur ; elle va venir ; puis elle se retira.

Pendant les quelques instants que je demeurai seul, des tourbillons de pensées m'assaillirent. Sans m'arrêter à aucune idée fixe, je présageais tout un événement. J'interrogeais du regard chaque objet qui ornait ce salon, cherchant à y reconnaître un souvenir quelconque du passé.

Apparaît l'abbesse. — Oui, c'est bien lui, s'écrie-t-elle en s'affaissant sur le fauteuil le plus voisin... A cette exclamation... au son de cette voix... ma vue se trouble, et je me sentais défaillir moi-même, lorsque par une réaction énergique je m'élance aux genoux de l'abbesse, ne pouvant prononcer que ces mots :... Vous... vous... Dolorès ! ma sœur...—Ah ! oui... votre sœur... sœur en Dieu, fit-elle en regardant le ciel avec des yeux pleins de larmes... elle me tendit la main, que j'inondai de pleurs...

« Prenez place près de moi, mon frère... mon bon frère... et prêtez-moi votre attention. J'ai besoin de vous faire connaître tout ce qui m'est arrivé depuis votre départ de Madrid. Béni soit Dieu, qui daigna protéger votre existence... J'ai dû croire à votre mort. Les assurances les plus positives me furent produites... Ah ! mon ami, je vous ai bien pleuré, ajouta-t-elle avec l'accent le plus expressif et le plus tendre...

« Lorsque je vous annonçai la mort de mon père et le retour de mon frère, je vous disais mon dessein de me retirer chez une parente pour y attendre que Dieu me vînt en aide ; mais Pépito ne me laissa pas le temps d'accomplir ce projet. Un matin je fus entraînée par des hommes de la justice qui, munis d'ordres suprêmes, me conduisirent dans un cloître... Je ne sais quelles étaient les instructions données à mon égard ; mais je fus placée dans une cellule dite de punition. Il y avait à peine une heure que je m'y trouvais, livrée aux angoisses du désespoir, lorsque la supérieure me fit conduire devant elle.

« Ma fille, me dit-elle avec bonté, je n'ignore rien de ce qui vous regarde; vous êtes victime d'un complot... Tout m'a été révélé même avant votre arrivée... Mais paraissez calme et résignée, quelques jours d'une soumission, au moins apparente pour tout le monde... et vous reconnaîtrez en moi une bonne et tendre mère, ajouta-t-elle en me recevant dans ses bras... Mais, ma fille, gardez le plus grand silence..... Les murs ont des oreilles, votre frère est puissant... s'il vous enlevait d'ici... Ah! malheureuse enfant! que deviendriez-vous?

« Cette entrevue me donne du courage, et ainsi que la supérieure me l'avait promis, je devins sa protégée, son amie.... Perreira, le bon Perreira était venu l'instruire de tout ce que vous savez... Je trouvais enfin un cœur maternel pour me consoler et me soutenir.

« Mais il était dit que les plus grands malheurs devaient m'atteindre sans interruption. Perreira, chargé de l'administration des biens échus à mon frère, ne reparut plus: il tomba, dit-on, dans un parti de troupes françaises, et depuis aucunes nouvelles de lui... Ce fut un ancien valet tout dévoué à mon frère qui m'apprit cette catastrophe. Je le vois encore versant des larmes, que je crus sincères... Ce fut encore lui qui m'apporta la nouvelle de votre mort; elle lui avait été racontée, disait-il, par un témoin oculaire de la blessure à laquelle vous aviez succombé, après quelques heures des plus vives souffrances.

Vous pensâtes à moi, et, comme vous ne pouviez écrire, un soldat, ajouta le valet, fut chargé par vous en recevant votre dernier soupir de me faire remettre la croix d'honneur que vous portiez... Cette croix je l'ai encore... la voici... (et Dolorès me la montra encadrée dans un médaillon déposé dans un meuble où étaient placés les objets qui lui étaient chers.)

« Persuadées la supérieure et moi de mon isolement désormais sur terre, ce fut alors que je demandai à Dieu la grâce d'être admise dans son sein,.. mais les forces me manquaient... la supérieure redoubla de soins. Dépositaire de tous les secrets de mon cœur , elle en partageait les douleurs , et savait les alléger. — Oui, me disait-elle, nous pleurerons ensemble l'ami, l'époux que te destinait ton vénérable père. Eh bien, ma fille, que le nom de ton ami, ton frère, se mêle aux prières que tu adresseras chaque soir à Dieu. Dépose tes pensées, tes regrets sur le papier; nous les lirons ensemble, ma fille ; mes consolations adouciront tes peines... Dieu nous viendra en aide!... Bonne supérieure! elle était devenue pour moi la plus tendre des mères... Un jour qu'elle était bien souffrante, elle m'exprima le désir de recevoir mes vœux... c'était, du reste, mon intention; car vous mort... je ne devais plus appartenir qu'au Seigneur. Je vis s'approcher le moment de la cérémonie, je puis bien le dire, avec bonheur, et je devins fille de Dieu. Chaque jour je lui adressais les prières les plus ferventes... votre nom y occupa toujours la même place.

« A peine deux ans s'étaient écoulés, que tout espoir

de conserver notre digne supérieure nous fut enlevé ;
sainte femme dont ma mémoire gardera toujours les
dernières paroles... *Ma fille... je le verrai avant toi...
au revoir... là-haut !!!* puis morte !... Ah ! j'appelais
aussi la mort, car je perdais plus que la vie... Bientôt on
jeta les yeux sur moi pour remplacer la supérieure ;
mais, loin d'accepter un tel honneur, je demandai et
j'obtins de changer de résidence. L'abbesse du couvent où nous sommes étant décédée, on me désigna pour
la remplacer ; depuis douze ans j'en suis la directrice ,
l'abbesse. »

Tel fut ce récit fréquemment interrompu par de longs
soupirs et des larmes !!...

Je dus raconter à mon tour ce qui m'était arrivé. Moi
aussi j'avais été dupe de l'intrigant, de l'atroce Pépito.
Après qu'il eut ourdi , à l'aide du plus adroit mensonge,
l'histoire de la mort de sa sœur, je dus y ajouter foi ; les
preuves les plus palpables m'en furent apportées ; quelques objets aussi m'avaient été envoyés 'après ses dernières volontés.....

Je ne saurais rendre compte ici du long et bien pénible entretien que nous échangeâmes, et qui ne se termina que fort avant dans la nuit. Au moment de nous
séparer, Dolorès, invoquant Dieu, me fit mettre à genoux
près d'elle, et là, en face d'un tableau de la Vierge, elle
prononça d'une voix d'abord très émue, mais qui peu à
peu s'affermit et me communiqua toute son exaltation,
les paroles suivantes, qui me sont toujours présentes.

« Mon Dieu et vous, ô Vierge sainte ! vous avez reçu mes

vœux et mes serments de n'être qu'à vous seuls; pure.
je me suis réfugiée en vous, et pure vous m'admettrez
un jour dans votre sein. »

Puis, après quelques instants d'un profond recueille-
ment, Dolorès se releva, ouvrit un meuble, en retira un
manuscrit, et me dit en me le remettant : « Voici mon passé,
mon bon frère; dans ce recueil vous trouverez votre
nom joint à toutes mes prières; mais n'ouvrez ce livre
qu'après votre éloignement de Truxillo, j'attends cette
promesse de vous, mon frère.

« Je le promets, fis-je en lui tendant la main.

« Ma santé est bien affaiblie, ajouta-t-elle; nous rever-
rons-nous jamais... j'en doute.... Mais Dieu a été si mi-
séricordieux! Nous devons à sa divine bonté cet adieu.
qui sera probablement le dernier...»

Les consolations, les conseils qui émanaient de cette
belle âme n'auraient pas eu plus de charmes s'ils étaient
sortis de la bouche d'une sainte.

Cette entrevue nous avait bouleversés l'une et l'autre;
toutefois Dolorès la supporta avec une dignité vraiment
évangélique. Ses paroles limpides pénétraient mon âme...
Je la quittai profondément affligé, mais résigné.

Pendant les quelques jours que nous passâmes à
Truxillo, pas un seul ne s'écoula sans que je me rendisse
au couvent; mais l'abbesse ne me reçut plus sans être
accompagnée d'une religieuse.

La veille de mon départ, au moment où je me présentai au couvent pour voir Dolorès une dernière fois, une lettre d'elle me fut remise : le style à la fois tendre et religieux m'impressionna profondément.

« Vous êtes libre, vous, mon frère... moi. j'appartiens « irrévocablement à Dieu ; toute espérance de nous réunir « sur cette terre est devenue impossible !... Je ne vous « dissimulerai pas les sensations douloureuses éprouvées « par mon pauvre cœur lorsque je vous retrouvai ; oui, « mon ami, oui... mon frère, oui, il m'a fallu toutes les « forces que la sainte religion peut seule donner pour « supporter ce coup terrible... mais je n'ai pas invoqué « vainement les puissances du ciel... Le calme revient « dans mon âme !...

« Adieu, mon frère... mon ami, soyez heureux... puis- « sent mes prières être écoutées ! ! !

« Quant à moi... depuis longtemps mes forces m'aban- « donnent graduellement... je sens que Dieu m'appelle à « lui... Je serai heureuse de quitter cette terre où tout « s'est réuni pour m'accabler. Bientôt, oui bientôt, je « serai réunie à mon père ... Il joindra ses prières aux « miennes..... nous prierons ensemble pour vous, mon « frère ! mon ami... Adieu... adieu... »

Cette lettre, inondée de pleurs, me fit un mal affreux. Je respectai la volonté de Dolorès.

Je ne pus me décider à quitter Truxillo sans adresser au ciel, dans l'église même du couvent, mes derniers vœux pour le rétablissement de la pauvre Dolorès.

Au point du jour, lorsque j'entrai dans l'église, les religieuses déjà réunies chantaient matines. Je ne saurais dire l'impression que produisirent sur moi les mélancoliques accents de cette pieuse invocation du matin. Peu de temps après mon arrivée, tandis que j'adressais ma dernière prière eu faveur de Dolorès, un grand silence se fit, puis une voix commença la première strophe du *Veni, Creator*!... cette voix est vibrante et fiévreuse; je la reconnus, c'était celle de Dolorès!... Mais à peine l'orgue avait fait entendre ses premières modulations qu'un certain mouvement se manifesta... les religieuses s'empressèrent d'entourer l'abbesse, qui venait d'éprouver une défaillance. On peut juger de mes anxiétés, car il ne m'était pas possible d'interroger qui que ce fût; d'ailleurs mes chevaux m'attendaient à la porte du couvent, je ne pouvais différer davantage, me trouvant déjà en retard; je n'avais plus de temps à perdre pour rejoindre la colonne que je commandais et qui était en marche depuis une heure.

Je partis donc dans l'état le plus déplorable, laissant mon secrétaire avec ordre de ne venir me rejoindre qu'avec des nouvelles positives.

Mon secrétaire me rapporta qu'effectivement l'abbesse avait été frappée d'une indisposition subite, mais que cet accident n'inspirait aucune crainte aux religieuses.

Mes perplexités n'en étaient pas moins vives, et par les différentes lettres que je reçus du père Don Vicente, je vis bien qu'il ne restait plus d'espoir...... Dolorès devait succomber..... elle succomba!

C'est à Séville que me parvint cette affreuse nouvelle.

4*

Dans sa lettre, Don Vicente me raconta la fin de Dolorès...... Mon nom avait été prononcé par elle dans sa
dernière prière ; il me fut remis une petite boîte renfer-
mant quelques souvenirs de piété, accompagnés d'un
tendre adieu, d'un adieu fraternel ; Dolorès terminait sa
lettre par ces lignes, que je reproduis textuellement :

« C'est au ciel, mon ami, mon frère, que vous retrou-
« verez votre sœur, votre pauvre Dolorès ! c'est là que
« Dieu bénira enfin l'union de nos deux âmes ! »

CLARA.

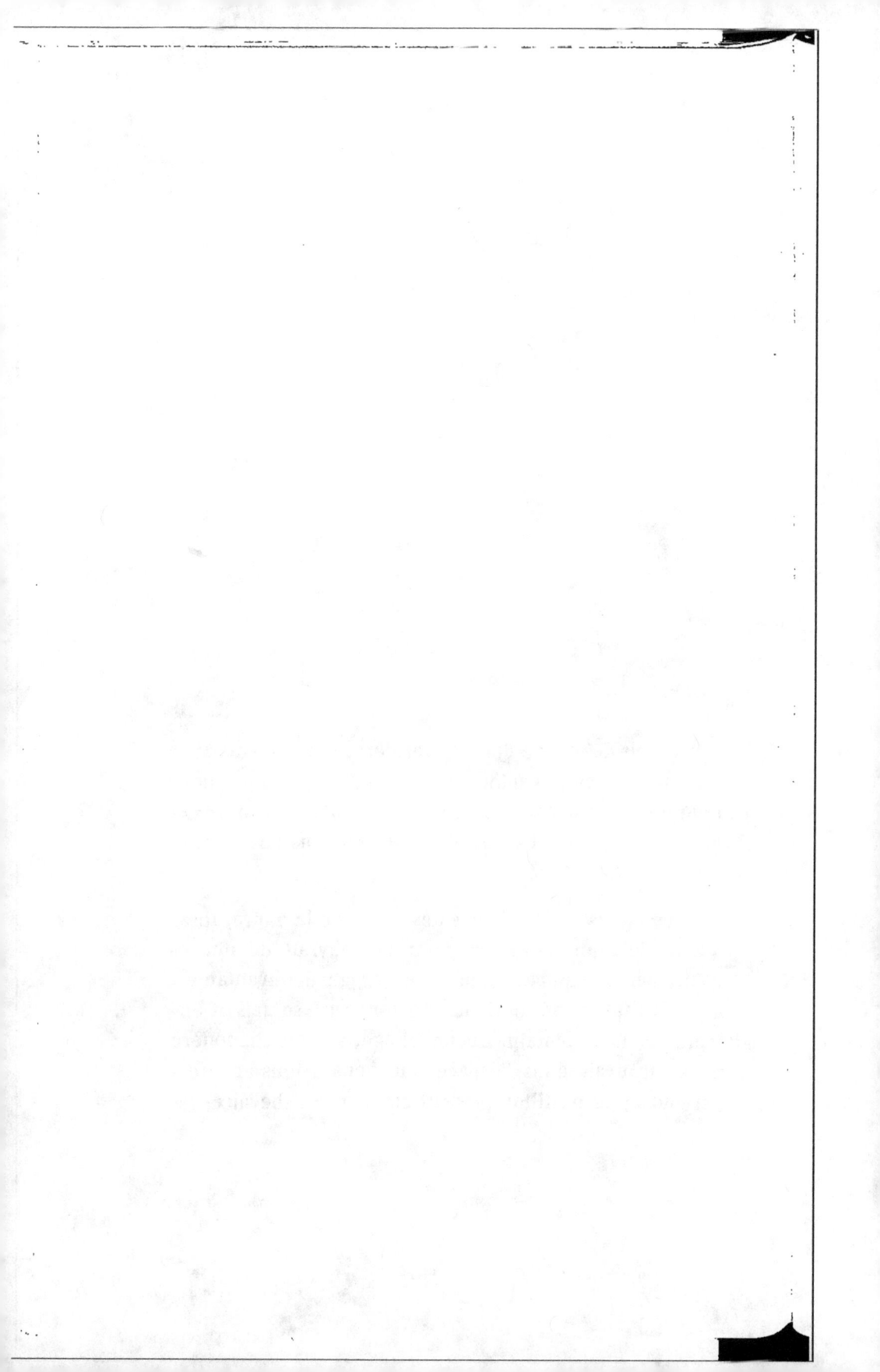

CLARA.

(1824)

———

Au mois de mai de l'année dernière, je voyageais avec ma femme : nous venions de quitter B***, et nous nous rendions à la Charité. Une chaleur accablante avait régné pendant le jour, et nous faisait désirer plus vivement la fraîcheur de la soirée.

Nous étions à trois lieues des bords de la Loire, lorsque le ciel, qui de toutes parts se couvrait de nuages épais, sembla nous annoncer un orage épouvantable : déjà un roulement continuel de tonnerre se faisait entendre dans le lointain. Aucun village, aucune chaumière ne se trouvait dans l'espace que nous avions encore à parcourir ; le postillon pressait en vain ses chevaux ; les éclairs se succédaient avec rapidité, et le vent élevait jusqu'aux nues la poussière blanchâtre de la route.

La pluie commençait à tomber à torrents, lorsque, sur le bord du chemin, j'aperçus une jeune fille qui suivait à grands pas la même direction que nous. Elle était vêtue avec simplicité ; sa démarche était élégante et légère, et son bras soutenait avec grâce un petit panier d'osier blanc.

Je fis soudain arrêter ma voiture, et j'exprimai à cette jeune fille l'étonnement que j'éprouvais de la rencontrer seule à une aussi grande distance de toute habitation. Il y avait dans ma question plus d'intérêt que de curiosité.

« Je vais, me répondit-elle, à la Charité. — Nous y allons aussi, et nous vous offrons avec plaisir de vous y conduire : montez dans notre voiture. — Je le veux bien, dit-elle en nous remerciant, » et elle s'assit près de nous. Je fus tout étonné de ses manières naïves et gracieuses. Je ne savais que penser de cette singulière rencontre ; mais je m'applaudissais de l'espèce d'hospitalité que j'avais offerte avec empressement, et qui avait été acceptée de même.

Qu'on se figure une jeune fille de seize à dix-sept ans, d'une physionomie remarquable par la douceur et la régularité de ses traits ; une bouche charmante, des yeux noirs dont la vivacité animait cet ensemble charmant, et l'on aura une faible idée encore de l'être intéressant qui s'était offert à mes regards.

A peine eut-elle pris place à nos côtés qu'elle nous

remercia de nouveau. Il y avait à la fois dans ses mouvements un mélange heureux d'aisance et de modestie. Elle plaça son panier à ses pieds, et nous vîmes rouler dans ses yeux quelques larmes de reconnaissance.

« Ma chère enfant, lui dis-je, je présume que vous n'êtes pas accoutumée à voyager ainsi : il a fallu, sans doute, quelque circonstance bien impérieuse pour vous hasarder seule par un temps si affreux? — Vous aurez, je le vois, Monsieur, dit-elle, de la peine à croire que je viens aujourd'hui de B*** à pied, et que je me rends à M***. — Comment! pauvre petite, reprit ma femme, vous voyagez à pied! Et quel est donc le motif de ce long trajet? Pourquoi braver ainsi la fatigue? Parlez; tout en vous m'intéresse. Si jeune, connaîtriez-vous déjà le malheur? — Oh! madame, je suis, au contraire, la plus heureuse fille du monde, car je me rends auprès de mes parents; je vais les voir pour la première fois... Hélas! ajouta-t-elle, à l'âge de trois ans je leur fus enlevée!... — Enlevée! lui dis-je; à trois ans! Par qui? comment? où? — Ah! Monsieur, ma vie est une suite d'événements auxquels vous ne sauriez croire. Si je vous racontais ce que j'en sais, vous partageriez la joie qui m'anime, et qui me donnerait le courage d'aller à pied au bout de l'univers si mes parents s'y trouvaient. Mais de quel intérêt serait pour vous le récit de ma singulière histoire? ce serait mettre votre patience à une épreuve trop pénible. — Non, non, lui dit ma femme, ne craignez pas de nous fatiguer; nous ne serons point indifférents à vos malheurs; dites par quelle fatalité vous avez été enlevée à vos parents d'une manière si cruelle, comment vous les avez retrouvés. — Faut-il vous dire, Madame, tout ce qui m'est arrivé?... — Parlez, parlez, je vous en prie. »

RÉCIT DE CLARA.

« J'ai parcouru l'Allemagne, la Pologne, l'Italie, la Suisse et toute la France, que je connais parfaitement. Les langues de ces pays me sont familières. Je sais dessiner, un peu peindre, et je chante assez agréablement, dit-on.

« Je quitte une troupe de danseurs de corde avec qui j'étais depuis l'âge de trois ans. Me croyant la fille du maître et de la maîtresse de cette troupe d'acteurs nomades, je les ai constamment appelés des doux noms de père et de mère, les aimant l'un et l'autre avec tendresse, mais surtout ma mère. Elle était si bonne, si parfaite pour moi, que si elle n'eût cessé d'exister, oh ! je ne l'aurais jamais abandonnée. » En prononçant ces paroles ses yeux se remplirent de larmes.

« Il y a environ deux mois (continua-t-elle après un long soupir) qu'étant à A*** mon père annonça un spectacle extraordinaire, dans lequel la première danseuse devait exécuter un *saut périlleux;* mais, deux jours avant la représentation, elle tomba malade, et mon père, qui voyait que la représentation promise ne pouvait avoir lieu, se désolait de la perte d'une recette assurée. Je ne sais quelle idée me vint alors. Toutefois je n'hésitai pas à m'offrir pour remplacer la jeune personne qui aurait exposé ses jours pour quelques applaudissements. Mon père repoussa cette pensée ; je le priai, je le suppliai : il résista longtemps, et finit par céder à mes larmes. Ma mère était au désespoir.

« Le jour fixé arriva.... Mon zèle ne fut pas couronné de succès : je tombai, et me démis le bras.

« Je ne saurais vous dépeindre la douleur de ma mère ; elle se livrait aux plus violents regrets ; elle accusait son mari de ma mort, et s'accusait elle-même.

« Transportée chez les sœurs grises, je reçus de ces saintes femmes les soins les plus assidus ; elles ne s'informèrent point dans quel rang de la société je comptais : tous ceux qui souffrent ont des droits égaux à leurs bontés évangéliques ; elles ne savent que prier et consoler.

« Ma mère, dont la santé s'affaiblissait depuis longtemps, fut accablée de l'événement qui m'avait frappée :

sa tendresse semblait augmenter avec mes souffrances ;
elle venait régulièrement passer des journées entières
auprès de mon lit ; elle arrivait chez les sœurs avant
mon réveil, s'asseyait doucement à mes côtés, et en
ouvrant les yeux je me trouvais toujours dans ses bras :
« Clara, me disait-elle alors, ma fille chérie, c'est moi !
« je suis venue pour protéger ton sommeil, pour rece-
« voir ta première caresse, pour t'entourer de mes soins,
« et pour prier Dieu auprès de toi ! » Et elle m'embras-
sait en pleurant.

« Les sœurs, la supérieure, le médecin de la maison
ne pouvaient se lasser d'admirer ce tableau d'une tendresse sans égale. Ma mère les suppliait de veiller à ma
conservation ; son langage avait alors quelque chose de
touchant et d'austère : « Sauvez-la, disait-elle aux sœurs ;
« le Tout-Puissant entendra vos prières, il ne les repous-
« sera pas : vous êtes pures, vous !.... » Et ses larmes
coulaient de nouveau avec plus d'abondance.

« Cependant, à mesure que ma santé se rétablissait,
je voyais celle de ma mère s'altérer chaque jour : une
maladie de langueur semblait la dévorer peu à peu, et
bientôt les progrès en furent rapides. Je m'alarmai de
ses maux, et je le lui dis : « Ah ! ma fille, me répondit-elle,
« ne t'inquiète pas.... Tout ce que je demande à Dieu,
« c'est ton rétablissement.... qu'il te prenne sous sa
« sainte protection !.... Pour moi, Clara, depuis long-
« temps je souffre ; le remords me conduit au tom-
« beau !.... — Vous, ma mère, des remords ! » Je n'osai

continuer. » Ma fille, reprit-elle, le repentir trouve « grâce là-haut » Et ses yeux regardèrent le ciel.

« Cet entretien porta dans mon âme un trouble extrême ; mais toutefois ma tendresse pour ma mère s'en augmenta encore : j'aurais voulu lui faire oublier ses malheurs !

« Je devins triste et rêveuse. Les sœurs s'aperçurent de ce changement subit, et leur bonté s'en alarma. Elles me prodiguèrent de nouvelles marques d'égards et de bienveillance. Si par hasard elles me laissaient seule un instant, je me croyais entièrement abandonnée : leur présence était ma consolation. L'une d'elles surtout était un ange protecteur pour moi ; on la nommait la sœur Marie : comme son âme, ses traits étaient angéliques.

« Quelques jours s'écoulèrent sans que je visse ma mère. Elle faisait demander des nouvelles de ma santé, et me donnait des siennes. Son absence me disait assez qu'elle souffrait : aussi me fit-elle recommander de ne point m'inquiéter, et de ne hasarder aucune démarche imprudente pour aller la voir.

« La personne qui venait chaque jour me parler de ma mère entra un matin chez la supérieure, et je l'aperçus causant avec les sœurs ; son air était triste, et le mystère qu'elle mettait cette fois dans sa démarche jeta la consternation dans mon cœur, déjà si horriblement troublé. La sœur Marie s'approcha bientôt de moi. « Je sais tout ! m'écriai-je ; ma mère est morte ! » et je tombai évanouie.

À peine revenue à moi, la sœur Marie me dit avec douceur : « Mon enfant, c'est à votre jeunesse que vous devez l'effort que la nature a fait pour vous sauver ; remerciez-en Dieu. Votre mère (je ne dois pas vous le cacher) est malade ; une fièvre ardente la retient loin de vous, et... — Ma sœur, je veux me lever à l'instant, je veux voir ma mère... oh ! j'irai, je le veux, je le dois... — Calmez-vous, Clara ; je suis loin de blâmer ce désir légitime ; mais vous ne sauriez sortir sans danger : d'ailleurs il n'y a rien de désespéré...— Désespéré !... Ah ! ma sœur, au nom du ciel, laissez-moi voir ma mère ; laissez-moi partir ! »

« J'étais dans un état déplorable ; la fièvre qui me reprit alors doubla momentanément mes forces. Le médecin, qui venait d'entrer, et qui avait été témoin de cette scène, consentit à me laisser conduire auprès de ma mère : qui aurait pu refuser cette faveur à mes larmes ? Deux sœurs m'accompagnèrent et guidèrent mes pas : je fis le trajet avec une peine infinie. Enfin je la vis ! Dieu ! qu'elle était changée ! Ses traits, déjà décomposés, son teint livide et sa maigreur effrayante achevèrent de m'ôter le peu de forces qui me restaient ; je fus longtemps sans connaissance. Au bout d'une heure, je repris mes sens, et me trouvai assise tout près du lit de ma mère... Elle me regardait avec inquiétude, et tenait une de mes mains dans les siennes. Revenue peu à peu à un état qui rassurait les sœurs, elles nous quittèrent pour aller retrouver d'autres souffrances, en promettant de venir le soir même me chercher.

« Lorsqu'elles furent parties, ma mère me dit avec l'accent de la tendresse et de la douleur : « Clara, ma « fille, j'espère avoir la force de t'apprendre beaucoup « de choses qui sont pour toi du plus haut intérêt ; ne « m'interromps pas : je suis si faible ; ma vie ne tient « qu'à un souffle... Tâche d'avoir la force de m'écouter « en silence. » Après un long soupir : « Tu me crois ta « mère ? eh bien, je ne la suis pas !... Tu n'es pas ma « fille !... Clara, je ne suis pour toi qu'une étrangère, une « malheureuse qui implore ta pitié... » A peine eut-elle prononcé ces mots qu'elle tomba dans une faiblesse qui lui ôta l'usage de la voix.... des larmes abondantes vinrent à son secours, la soulagèrent, et après quelques instants de repos elle continua ainsi : « Au nom du ciel, « ne me maudis pas !... Je suis prête à paraître devant « Dieu. Clara, j'ai besoin de tes prières... ne me maudis « pas ! » Pendant ce temps, ma vue s'était obscurcie ; je ne voyais ni n'entendais rien : il me semblait que j'étais plongée dans le néant, sans espoir de revoir jamais la lumière. Dans une immobilité qui tenait de la stupeur, j'écoutai le récit suivant :

« Il y a environ quatorze ans, nous passions à B*** pour « nous rendre en Suisse, lorsqu'une fille unique que j'a- « dorais, et qui seule avait survécu aux trois enfants que « j'avais eus de mon premier mariage, tomba malade. Le « médecin (pour me rassurer sans doute) me dit que ce « ne serait qu'une indisposition occasionnée par la fati- « gue du voyage. Mon mari m'engagea à prendre quel- « ques jours de repos dans cette ville ; il continua sa

« route, en m'indiquant le lieu où je devais le rejoindre.
« Il me laissa une voiture attelée de deux chevaux et un
« ancien valet qui m'était fort attaché.

« La maladie de ma pauvre Clara (car tu portes son
« nom) prit un caractère alarmant, et, après dix jours
« d'inquiétudes mortelles, j'eus la douleur affreuse de
« voir mourir dans mes bras une fille objet de mes
« amours, et pour laquelle j'aurais donné cent fois ma
« vie... C'était l'image vivante de son père, de mon pre-
« mier mari... un homme, hélas ! que j'avais trop aimé et
« pour lequel j'avais oublié tout ce que je devais à Dieu
« et à moi-même... Oh ! ma mère, si ma faute première
« a causé ta mort, voici l'instant de me pardonner !...
« Implore Dieu pour moi !... Et toi, Charles, qui causas
« mon malheur, objet tant aimé !... je vais te rejoindre
« enfin ! Rien ne m'attache plus sur cette terre de larmes :
« puisse le courroux du ciel être apaisé par tant d'in-
« fortunes ! »

« J'éprouvais l'émotion la plus vive en écoutant ces
tristes et pénibles aveux ; et, sans oser interrompre celle
que j'appelais ma mère, je pressais ses mains dans les
miennes en les inondant de mes pleurs...

« Tout ce que tu viens d'entendre, Clara, n'est rien,
« comparé à ce que je vais t'apprendre. Ah ! ma fille, si
« tu connaissais l'horreur de ma funeste destinée !.....
« Ecoute : celui qui commet un crime doit s'en punir en
« l'avouant... j'aurai le courage de te dire tout. Après
« ma mort, ma fille, tu trouveras dans cette cassette, qui
« ne m'a jamais quittée, des papiers... mon testament ..

« et tu apprendras toutes mes infortunes, si le ciel me
« refuse le temps de te faire cette affreuse confidence...»
Je voulus éloigner d'aussi cruelles idées ; mais ma pauvre
mère m'ayant fait signe de la laisser continuer, elle reprit ainsi : « Je survécus malgré moi à la perte de ma
« Clara, et je quittai des lieux où son souvenir m'acca-
« blait : je partis avec André, mon fidèle serviteur. Nous
« suivions depuis quatre jours la route qui conduit en
« Suisse, lorsqu'en sortant de M***, à quelques pas
« de la dernière maison du faubourg, je fus frappée des
« traits d'une petite fille qui jouait seule sur la route ; elle
« ressemblait tellement à ma pauvre Clara qu'André lui-
« même crut la reconnaître, arrêta les chevaux, des-
« cendit de la voiture, prit cet enfant dans ses bras, et
« me l'apporta : c'était toi !... Je ne revenais pas de ma
« surprise ; je te prodiguai mille caresses... tu me sou-
« riais... je te pressais sur mon sein en m'écriant : Oh !
« que ne donnerais-je pas pour que tu fusses ma Clara !

« André, témoin de mon trouble, et ne sachant plus
« lui-même ce qu'il faisait, remonta sur le siége, et fit
« prendre le galop aux chevaux... Nous fîmes précipi-
« tamment plusieurs lieues... André, que j'appelais sans
« cesse, ne m'entendait pas, ou feignait de ne pas m'en-
« tendre, et moi... je cherchais à étouffer le cri de ma
« conscience.

« Nous suivîmes une route de traverse. Après avoir
« marché tout le reste du jour et une partie de la nuit,
« nous nous arrêtâmes pour prendre du repos..... Du
« repos !... En était-il désormais pour mon cœur ?

» Que tu étais jolie, ma fille ! que ton innocence m'accablait déjà de remords ! Et cependant j'eus la cruauté « de ne pas songer aux larmes de ta mère : je ne voyais « que ma Clara !... Tes vêtements n'annonçaient pas la « pauvreté qui règne dans nos campagnes ; je les ai soigneusement conservés ; ils sont marqués d'un chiffre : « tu les trouveras dans la cassette dont je t'ai parlé. Le « lendemain, à ton réveil, tu ne parus pas étonnée d'être « auprès de moi ; il semblait que tu n'avais pas connu « d'autre mère !... Ayant eu la faiblesse de souffrir ton « enlèvement, j'eus la honteuse hardiesse d'en courir « tous les dangers, d'en prévoir les terribles conséquen- « ces, sans pouvoir m'arrêter. Dès ce moment, tu devins « nécessaire à mon bonheur. Il fut convenu entre André « et moi que tu serais Clara aux yeux de mon mari. « André étant aussi coupable que moi, je ne redoutais « pas son indiscrétion ; et cette pensée m'enhardit dans « ma faute, et me la fit chérir.

« Nous continuâmes notre route presque sans nous ar- « rêter ; et, lorsque j'eus rejoint mon mari, je m'écriai « en te montrant : *Ma fille est sauvée !* et il t'embrassa, « comme s'il eût embrassé Clara.

« Voilà, ma fille, ajouta-t-elle en baissant les yeux, « ce que je voulais t'apprendre avant de mourir. Les « papiers enfermés dans la cassette t'aideront, je l'espère, « à retrouver un jour ta famille... Clara ! au milieu de « nos nombreux voyages, tu sais l'éducation que je t'ai « fait donner ; tes talents déposeront au moins en ma fa- « veur. Oh ! Clara, oublie mon crime pour ne songer

5

« qu'aux soins que je t'ai prodigués pendant quatorze
« ans..... Pardonne-moi! reçois mon dernier soupir;
« exauce mon dernier vœu... Clara!... Adieu... Pardonne-
« moi!... »

« Les efforts qu'elle avait faits pour achever son récit
avaient totalement épuisé ses forces... Je ne voulus pas
la quitter un instant... Dans la nuit, elle fit appeler un
prêtre, et reçut plus calme les secours de la religion.
Elle me donna sa bénédiction; et sa voix, avant de s'é-
teindre pour toujours, murmurait encore : « Adieu
Clara... Pardonne-moi! »

« Jugez de l'horreur de ma situation. Oh! j'appelais
aussi la mort! j'étais inconsolable; j'avais besoin de sou-
lager mon cœur, et cependant personne autour de moi
ne me semblait digne de recevoir mes confidences.

« Une idée, la seule qui pouvait me tirer de l'embar-
ras extrême où je me trouvais, la seule qui convenait à
mon étrange position, me fut suggérée par mon cœur :
c'était de me retirer dans un couvent pour y vivre dans
la retraite, pour y attendre en paix la fin d'une vie à
peine commencée et déjà tant éprouvée. Je voyais auprès de la sœur Marie un refuge assuré; je savais que je
n'implorerais pas en vain sa pitié ou sa tendresse, et,
peu d'instants après les funérailles de ma mère, et sans
en prévenir mon père, j'exécutai ce projet.

« Quand la sœur Marie me vit arriver couverte d'un
voile noir, elle me reçut dans ses bras, et mêla ses larmes
aux miennes... Quel fut son étonnement lorsque je lui

appris le secret de ma mère... — Comment, vous n'êtes pas sa fille?... Mais où sont les papiers dont vous me parlez, et qui doivent éclaircir ce mystère? Il faut les déposer dans des mains sûres; ils doivent vous être rendus : c'est un trésor qui vous appartient. Je veux aller trouver votre père; s'il ignore encore l'affreux secret que vous venez de me révéler, je lui dirai tout : il n'y a pas un instant à perdre! »

« La sœur Marie se rendit aussitôt auprès de mon père. Il était dans une inquiétude extrême; il ne savait ce que j'étais devenue, et me faisait chercher partout; car il ne connaissait que ma fuite, et en ignorait même la cause. Au moment où la sœur Marie entra, les officiers de la justice vinrent apposer les scellés; la cassette si précieuse pour moi fut enfermée dans une armoire. Cette opération finie, la sœur Marie apprit tout à mon père... Il ne revenait pas de sa surprise : « Quoi! s'é-« cria-t-il, ce n'est pas la véritable Clara!... Elle m'a trompé!... » Et des larmes inondèrent ses yeux. Mon père se livra à un affreux chagrin, et son silence n'était interrompu que par ces mots : « Je lui pardonne aussi!» Il pria ensuite la sœur Marie d'avoir soin de mes jours, et il ajouta: «J'espère que Clara n'aura point maudit sa « mère, et qu'elle aura pitié de moi! »

A la levée des scellés, la cassette fut ouverte : on y trouva deux liasses de papiers, une chemise d'enfant marquée des lettres G R, et une petite robe de couleur; le tout était à mon adresse, ainsi que le testament de ma mère; il était conçu en ces termes, et portait la trace de quelques pleurs :

« Tourmentée depuis longtemps par des remords qui
« ne cessent de me poursuivre, et voulant, autant qu'il
« est en mon pouvoir, réparer l'action horrible que j'ai
« commise, je déclare devant Dieu que Clara n'est pas
« ma fille; que, dans le mois de mars de l'année 1811,
« je l'ai enlevée à M***, près de la dernière maison qui
« est sur la route conduisant à Genève. Les vêtements
« que Clara portait alors sont intacts. J'ai joint à ce tes-
« tament le récit de quelques faits qui pourront l'aider à
« découvrir sa famille.

« Je prie mon mari de me pardonner, de ne pas aban-
« donner ma pauvre Clara, et de lui procurer tous les
« moyens possibles de retrouver ses parents.

« Les chagrins sans nombre qui n'étaient connus que
« d'André lorsqu'il vivait sont les seules causes de ma
« mort.

« Je meurs repentante, en bonne chrétienne, et dans
« l'espérance que Dieu me fera miséricorde!... »

« La lecture de ce testament attendrit tous ceux qui
l'écoutaient... Mes larmes coulaient en abondance...

« Je retournai chez les sœurs grises, et j'y attendis, en
priant, la fin de mes malheurs.

« Cet événement, raconté de mille manières, excita la
curiosité. Chacun alors voulait me voir; et chaque jour
je recevais de nouvelles visites qui déposaient pour moi,
entre les mains de la sœur Marie et sans que je m'en
doutasse, des marques de leur générosité.

« M. le préfet d'A*** vint aussi me voir ; il me questionna, parut s'intéresser à moi, et me promit d'écrire à M*** pour y demander des renseignements.

« Je me préparais à contracter des vœux ; je voulais désormais ne plus rentrer dans un monde d'épreuves, et me consacrer tout entière à Dieu, lorsque M. le préfet entra et me donna connaissance d'une lettre qu'il venait de recevoir du maire de M***. Cette lettre disait qu'effectivement une petite fille avait disparu il y a environ quatorze ans ; que, depuis cette époque, les parents de cet enfant avaient fait d'inutiles recherches : « Je leur « écris à l'instant même, ajoutait le maire de M*** ; ils « habitent depuis deux ans la petite ville de J***. Ces « premiers renseignements m'ont été donnés par la femme « Simon, veuve du tuilier, chez qui alors était en sevrage « l'enfant qui fut enlevé en 1811. Adressez-moi directe- « ment cette jeune personne, afin que, dans une circon- « stance aussi délicate, j'agisse avec toutes les précau- « tions qu'exigent la prudence et la nature. »

« Le lendemain, je partis par la diligence d'Orléans, accompagnée des vœux et des bénédictions des sœurs que je quittais. Elles me donnèrent un trousseau, qui me rejoindra à M*** ; mais ici, dans ce petit panier, sont mes richesses : les moyens de me faire reconnaître de mes parents !...

Arrivée à B*** hier, je n'y ai pas trouvé de voiture pour la Charité ; il aurait fallu attendre deux jours..... deux jours !.... Je n'ai pas balancé un instant ; je me suis mise en route à pied, dans l'espérance d'arriver ce soir à dix lieues de M*** : mais je sentais mes forces épuisées, lorsque vos bontés sont venues à mon secours. »

———

Nous avions écouté ce récit avec le plus vif intérêt. Ma femme prodigua mille caresses à cette pauvre fille, et lorsque nous arrivâmes à la Charité je lui offris de l'argent. Elle nous montra quelques pièces d'or, en nous disant : « En voici plus qu'il n'en faut pour rejoindre « mes parents. » Je lui fis promettre de venir nous voir le lendemain, avant de se mettre en route. En m'éveillant, on m'apporta le billet suivant :

« Monsieur et Madame,

« Combien j'éprouve de chagrin de ne pouvoir vous « témoigner de vive voix toute ma reconnaissance pour « les bontés que vous avez eues pour moi. Une voiture « part à l'instant pour M***, où je serai dans quelques « heures.... Adieu ! J'aurais voulu vous remercier moi-« même ; et je ne peux que vous prier de recevoir mes « excuses, et de croire à tous les sentiments respectueux « de la bien reconnaissante

CLARA.

« La Charité, le 18 mai 1825, deux heures du matin. »

On me remit bientôt une seconde lettre qui m'annonçait que mon père était mourant, et qu'il voulait me voir avant d'expirer. Je partis sur-le-champ pour Paris, où m'attendaient mes propres infortunes.... Et tandis que Clara retrouvait peut-être son père, j'eus le malheur de perdre le mien !...

Quelques mois après ce cruel événement, je voulus connaître la jeune fille qui nous avait tant intéressés. J'écrivis au maire de M***, et je reçus la réponse qu'on va lire :

« Monsieur,

« Je m'empresse de répondre à la lettre que vous m'a-vez fait l'honneur de m'écrire. Je savais déjà par la jeune Clara les égards que vous lui aviez prodigués ; c'est donc avec plaisir que je vais vous donner sur son sort actuel les renseignements que vous me demandez, et que vous méritez si bien de connaître.

« Antonia, car c'est le nom qu'elle reçut en venant au monde, est née de parents espagnols. Le marquis de G*** R*** est son père ; sa mère appartient à l'une des familles des plus honorables de l'Andalousie.

« La guerre de 1808, qui éclata dans la péninsule, fut pour ce malheureux pays une époque de gloire et de désastres. Des Espagnols fidèles combattirent et mouru-rent alors pour leur vieille monarchie ; des Espagnols, fidèles aussi, suivirent sur une terre étrangère leur roi détrôné.

« Le marquis de G*** R*** fut de ce nombre. Prisonnier volontaire, il préféra l'exil aux honneurs qui lui étaient offerts à la cour de Joseph, et il vint habiter la France.

« Il faut le dire, le gouvernement d'alors, bien que soupçonneux, y laissa vivre en paix un homme dont le nom cependant pouvait éveiller son inquiète attention. Le marquis de G*** R*** fut libre de choisir sa résidence : il se fixa dans les environs de J***, et c'est là qu'entouré de sa femme et d'un ancien serviteur il attendit l'instant de revoir sa patrie : c'est là qu'Antonia reçut le jour, le 2 septembre 1808.

« La joie que causa à ses parents la naissance de cet enfant adoucit pour eux la tristesse de leur situation, et fut pendant près de trois ans une constante distraction à leurs peines cruelles. Antonia naquit, pour ainsi parler, au milieu des larmes; mais elle devait les sécher!.... Hélas! ce n'était pas pour longtemps!

« Vous savez l'enlèvement d'Antonia : en sevrage chez la femme d'un tuilier qui habitait l'extrémité du faubourg de M***, elle disparut au mois de mars de l'année 1811.

« On écrivit alors de toutes parts pour dénoncer le crime qui avait été commis; d'immenses récompenses furent promises à celui qui ramènerait Antonia; mais toutes les démarches qu'on fit pour retrouver cet enfant furent inutiles. Le marquis de G*** R*** était désolé; sa femme était inconsolable : dans l'excès de sa douleur, cette malheureuse mère appelait la mort à son secours.

« Trois ans après, le roi d'Espagne fut rendu à ses peuples. Le marquis de G*** R*** reprit avec sa femme le chemin de sa patrie. Il avait suivi son roi dans l'adversité, il le suivit de nouveau à une époque qui semblait être celle du bonheur pour la Péninsule. Il quitta la France en emportant toutefois le souvenir cruel de la perte d'Antonia, qu'il n'espérait jamais revoir.

« Le marquis de G*** R***, appelé à la cour de Ferdinand par sa naissance et par ses lumières, attaché à la monarchie espagnole et aux intérêts de son pays, se montra plus tard partisan des nouvelles doctrines qui amenèrent nos troupes en Espagne. Il n'était point cependant du nombre de ces hommes qui prennent la licence pour la liberté, qui demandent la désorganisation d'un empire, et qui détestent avant tout la royauté ; il était, au contraire, dévoué à Ferdinand ; mais il appelait des institutions grandes et généreuses, en harmonie avec le siècle ; des institutions, en un mot, qui élèvent les rois, et qui les font bénir.

« Telles sont les vicissitudes politiques. Le marquis de G*** R*** fut forcé, en 1823, de quitter encore sa patrie. Il tourna ses regards vers la France hospitalière, et vint de nouveau se fixer à J***.

« C'est là qu'il vivait ignoré, répandant des bienfaits, et jouissant ainsi d'une partie de la fortune qu'il avait sauvée, lorsque le retour d'Antonia lui fut annoncé. C'est moi, Monsieur, qui rendis le bonheur à cette famille.

« Je ne saurais vous dépeindre la joie que le retour d'Antonia fit éclater ! Je craignis un instant pour la vie de la marquise de G*** R*** : l'excès du bonheur a aussi son danger.

« La mère Simonne fut appelée : elle trouva dans Antonia, grandie et embellie, l'enfant dont l'enlèvement lui avait causé tant de chagrins La marque du linge conservé, la couleur de la petite robe, les papiers et le testament, tout éclaircit ce mystère …. Mais avant le cœur de la marquise de G*** R*** avait reconnu sa fille !...

« Antonia raconta ses malheurs. Elle obtint de son père une pension pour celui à qui elle avait longtemps donné ce nom ; elle n'oublia pas les bienfaits de la sœur Marie, et dit aussi tout ce qu'elle vous devait.

« Voilà, Monsieur, les renseignements que je peux vous donner en toute assurance : vous savez le reste. Antonia est d'une grande famille espagnole ; ses richesses, un jour, seront immenses. Elle a rendu à ses parents le bonheur qu'ils avaient perdu... Puisse t-elle les consoler dans leur exil, et leur tenir lieu de patrie ! »

M***, le 14 août 1825.

www.ingramcontent.com/pod-product-compliance
Lightning Source LLC
Chambersburg PA
CBHW052047270326
41931CB00012B/2669